U0856672

有趣的会意字

◎吴永亮／著

山东城市出版传媒集团·济南出版社

图书在版编目（CIP）数据

有趣的会意字 / 吴永亮著. -- 济南：济南出版社，2018.7
ISBN 978-7-5488-3335-2

Ⅰ. ①有… Ⅱ. ①吴… Ⅲ. ①汉字－通俗读物 Ⅳ. ①H12-49

中国版本图书馆CIP数据核字（2018）第143388号

有趣的会意字 吴永亮 / 著

出版人 崔 刚
责任编辑 戴梅海
装帧设计 戴梅海

出版发行 济南出版社
地 址 济南市二环南路1号 250002
网 址 www.jnpub.com
电 话 0531-86131726
传 真 0531-86131709
经 销 各地新华书店

印 刷 济南龙玺印刷有限公司
成品尺寸 115×170毫米 32开
印 张 10.25
字 数 150千
版 次 2018年7月第1版
印 次 2018年7月第1次印刷
印 数 1-5000册
定 价 48.00元

发行电话 0531-86131730 / 86131731 / 86116641
传 真 0531-86922073

（版权所有，侵权必究）如有印装质量问题，请与印刷厂联系调换

代序 / 请先看本文再读此书

汉字有六书。六书通俗地讲就是六种造字方法，据《说文解字》排列如下：指事、象形、形声、会意、转注、假借。其中，转注、假借只是用字方法，并不产生新的汉字，难怪有的文字专家对转注、假借“怠慢”得很。

依笔者拙见，汉字如果按结构来分只有两种，即独体字（象形字）、合体字（指事、形声、会意）。

合体字，又分同体合体字（如从、众，林、森，吕、品）、异体合体字（如休、幼、形）两种。这些合体字，绝大多数是会意字，且大都趣味盎然。

笔者经常从各种媒体（包括报刊、微信等），看到许多文字爱好者将同体会意字进行搜集组合，但是总给人收集不全、形音义解释不够精准的感觉，于是我一直琢磨着将同体会意字进行一次全面归纳整理，从而形成一个小册子，便于大家查阅、学习。后来我又想到，既然把同体会意字归纳整理，何不顺便将有趣的异体会意字一块打包。于是，就萌发了编写《有趣的会意字》一书的念头。

为此，笔者将《汉语大字典》（第一版、第二版）

相继请回家，又通过网上书店购置了《中华字海》(由冷玉龙、韦一心主编。中华书局、中国友谊出版社1994年出版，是收录汉字最多的大型字书)。我将这些大部头的书籍，一页一页地翻，一个字一个字地找，并参考《现代汉语词典》《近代汉语词典》等大量工具书，终于将有趣的会意字整理得有模有样。可是搁在面前却有一个绕不过去的坎，那就是许多会意字(尤其是同体会意字)字库里没有。找人拼字、造字，那工作量绝对是海了，何况拼造出的字形不够完美。就在几乎绝望之际，无意中从网上看到字海网、《汉字宝典》网。字海网、《汉字宝典》网，简单易学，几乎所有汉字都能找到并下载下来。于是瓶颈被成功突破。借此机会，向字海网、《汉字宝典》网表示由衷地感谢。不过还是有一两百个汉字需要人工创制，于是我特别邀请张可鑫先生利用工作之余，按照本书编辑要求造出，在此表示深深谢意。

全书分上下两篇，上篇为同体会意字，下篇为异体会意字。

为了对每组同体会意字系统挖掘阐述，我将同体会意字的母字从字源上作了较为翔实的介绍(其字形演变大都从“象形字典”网站下载)。如介绍“祆、奀、兲、奨、奰”，首先讲解“天”的由来，从而帮助读者更好地理解这组汉字，无母字则直接介绍同体会意字。

同体会意字，尽最大努力搜集；异体会意字，只是选取特别有意思的，敬请读者朋友理解。

全书按照2009年1月12日，中华人民共和国教育部、国家语言文字工作委员会发布的《汉字部首表》（GF 0011—2009）进行排序。

有的会意字分属多个部首，如“牟”既属“厶”又属“牛”，读者朋友如果在“牛”部首内找不到，就请到“厶”部首内寻寻看。

全书中《说文解字》简称《说文》，《现代汉语词典》简称《现汉》。

为了便于阅读全书，需要读者理解以下几个概念或定义：

指事字：字由象征性的符号构成。

象形字：字由描摹实物的形状而得。

会意字：字的整体的意义由部分的意义合成。

形声字：字由“形”和“声”两部分合成，形旁和全字的意义有关，声旁和全字的读音有关。

异体字：跟规定的正体字同音同义而写法不同的字，如豬是猪的异体字，煇是辉的异体字。本书所选的异体字，只选那些同体会意（个别是近似同体会意）的异体字。

《通用规范汉字表》：2013年6月5日，国务院发出关于公布《通用规范汉字表》的通知，国务院同意教育部、国家语言文字工作委员会组织制定的《通用规范汉字表》，并予公布。《通用规范汉字表》公布后，社会一般应用领域的汉字使用以《通用规范汉字表》

为准，原有相关字表停止使用。

由于本人知识水平较浅，资料所限，书中肯定会存在差错，有些同体会意字会被遗漏，望读者朋友指正、补充。

全书从有关网站下载一些图片，望作者与我联系，以便及时呈上稿酬。

吴永亮

2018年6月2日

目 录

上篇：同体会意字

下篇：异体会意字

上 篇

同体会意字

一 部

一 《说文》：一，惟初太始，道立于一，造分天地，化成万物。《说文》首创部首，而且部首从一部开始，亥部结束。亥，位于天干（甲、乙、丙、丁、戊、己、庚、辛、壬、癸）地支（子、丑、寅、卯、辰、巳、午、未、申、酉、戌、亥）最后，表示结束。一通常与1等价，如“一天，也可写作1天”。但在成语等特殊语境中，一不能换作1，如“一心一意”万万不能写作“1心1意”。“一”，现在主要用作数词。原来“一（1）”是最小的自然数，现在最小自然数为“○（0）”，“一（1）”只好屈为最小的正整数。

二 用两横画表示，是原始记数符号。

二 古时有一种二（上下两横一般长），同二。

三 《说文》：三，天、地、人之道也。古人用三横画表示，是原始记数符号。三在古时候常常表示多，如：举一反三，三思而后行，三人行必有我师焉……

八卦由阳爻（yáo）“—”、阴爻“--”排列而成。

其中乾卦是三个阳爻（☰）组成。

山东快书《学文化》，说的是很久很久以前，一位抠门儿的财主给娃娃请来一位私塾先生。先生很认真，第一天教娃娃认一，第二天认二。第二天晚上，娃娃给自己老爹说，文化太简单。一横代表一，二横代表二，那三横肯定代表三。第三天，一问先生果然如此。于是财主就把先生给辞了。殊不知，除了四（亖）可以用四横表示外，五（含五）以上数字都不是简单用横叠加。话说某一天，一位邻居要给他的名叫万百千的儿子写一封信，光信封上“万百千”就让财主儿子忙活了大半年。

亖 同四。二的上下重叠。

丂 象形字。甲骨文像古代人们负重行进中的一种支撑棍，如拐杖一类，自然引申出喘气等义来。

（一）kǎo　1. 气欲舒出的样子。2. 同考。古文字中，“考、老”所从丂均像拐杖形。金文丂用作考。拐杖敲击路面即为考问脚下地面状况，后来引申出考试等义。3. 通巧。

（二）yú　同于。

丂丂 kuài　丂丂与巜读音相同，在小篆时两字字形相近，疑丂丂是巜的讹俗字。（参见 21 页“巜”）

亐 同于。

亐丂 音不详。亞（亚）亐丂，商代方国名，见于甲骨卜辞和商代妇好墓青铜器铭文。

方国或方国部落是指夏商之际诸侯部落或国家。殷墟遗址出土的甲骨卜辞，卜文中多以“× 方”的形式称呼这些部落或国家，所以称作方国。

冂 mào　义不详。

丽 同麗（丽）。

冂独立成字时心宽体胖，在丽中身姿窈窕。

丽 同麗（丽）。

异体字：帅。丽与丽之间存在微小差别。

兲 同天。

𢀖 kuà 1. 同跨。2. 一步。

𢀙 同舛（踳、僢）。

井 象形字。甲骨文像井口形。金文**丼**，加一点表示井中有水。后引申指像水井的东西，如矿井、天井、油井等。古代因井设市，引申出人口聚集的地方，如背井离乡。古代把长宽各一里的土地按照井字形状分为九块，八格由家庭耕种，中央为公田，故指井田。再引申出井井有条、井然有序，令人津津乐道了。

丼丼 xíng 同钘，酒器。钘同鉶，古代也指盛菜羹的器皿。

井丼丼 jǐng 台湾人名用字。

钘

[illegible] 同赫。

[illegible] 同赫。

天 象形字。甲骨文[illegible]似人，上方为头。天灵盖、天庭饱满中的“天”用的就是本义。由头顶引申出遥远的天空。

[illegible] 音义不详。

[illegible] 同重（chóng）。天外有天，重也。九重天得以证明。

[illegible]（一）jiǎo　同皎。洁白光明。（二）miǎo　同渺。

[illegible] 同[illegible]。

[illegible] 同浩。元郑采《题复古秋山对月图》：天[illegible][illegible][illegible]兮月朤朤。（参见125页“朤”）

不 象形字。甲骨文[illegible]，像朝下的花萼之柎（萼托）形。由于花骨朵未开，借用作动词，同无，表示没有，如“不尽长江滚滚流”“臣不才”等。现在主要用于否定（副词）。

⿰不不 zhī 义不详。也有称⿰不不同丕。

否 会意兼形声字。金文否从不（兼表声）从口，会予以否定之意。

⿱不吅 同丕（大）。否定之否定，那肯定是大也。

丙 象形字。甲骨文丙，像古代烙饼的鏊子形。烙饼离不开火，于是丙就与五行中的火相配。丙引申指火，如付丙。阅后付丙，就是指读完后烧掉。现在主要用于天干（甲、乙、丙、丁、戊、己、庚、辛、壬、癸）和等级（如丙级）。因丙似燕尾、鱼尾，于是丙有时就充当燕尾、鱼尾。

⿰丙丙 lì 义不详。也有称⿰丙丙同丽。

⿱丙丙 同卨、禼（现规范写作卨）。用于人名，万俟卨（Mòqíxiè）。

万俟卨（1083～1157），开封阳武（今河南原阳）人，南宋初年宰相，奸臣。

政和二年，考中举人，初任湖北提点刑狱，后以附秦桧，任监察御史、右正言。绍兴十一年，秉承秦桧之意打击主战派，治岳飞狱，诬陷岳飞虚报军情及逗留淮西等罪，致使岳飞父子和张宪等被害，后与秦桧争权，遭到罢黜。

秦桧死后，万俟卨被召回京城任参知政事。绍兴二十六年拜相，继续执行投降政策，为百姓所恨。

杭州岳飞庙前万俟卨跪像雕塑

⿰州州 同州。

平 会意字。金文从亏（即于，表乐声婉转）从八（表平分），会乐声平缓之意。引申出安宁、安静，如天下太平。继而引申出平均、水平、平常等义。

⿰平平 tíng 义不详。

朿 同刺。

棘 jí　1. 酸枣。2. 泛指有刺的草木。如披荆斩棘。3. 刺，扎，如棘手。

异体字：𣗥、棘、𣙣、棘、棘（左朿右朿）𣗥、𣗥、棘、𣗥、𣛸、𣡌。

棗 枣的繁体字。

异体字：𣓂、𠑼、𣏡、𠕥、𩁹、枣。

𣡌 同棘。

來（来）甲骨文𠂎指小麦。来是由一与米（粮食）构成。由于小麦是外来物种，后来“来”就变成来去的“来”。古人在來的下方加夂（脚），造出麥，后简化为麦（本指在麦地或青草地来回走动）。交换后，从此来与麦不再往来。

⿰来来 同棘。

⿰來來 同棘。酸枣。

⿱来来 同棗（枣），是棗的俗字。

⿱來來 同棗（枣）。

⿱⿰来来⿰来来 同棘。

且 象形字。且与祖、俎同源，甲骨文 像雄性生殖器。后引申指祭祖的礼器（俎）。现在主要用作副词，表示短时间，相当于暂时，如暂且、姑且。又用作连词，表示并列，如并且、而且。

⿱且⿰且且 bèi ⿱且⿰且且与贔音近形近，疑⿱且⿰且且是贔的俗字。

⿰⿱且且⿱且且 qiè 同揸，指邪捂、斜拄。

廿 niàn 象形字。甲骨文 U 像两根记事的棍，楷书写作廿，也写作卄。廿表二十，常用在农历，如八月廿七（指八月二十七）。为了避免廿与其他相近的字相混，有时候用“念”代替廿，如年方念八。

卌 （一）xì 同卌。1. 数词，指四十。2. 齿耙。（二）shù 同庶。

七 数词。姓。

㐂 古喜字草体写成㐂，整字像“七十七”，故将七十七岁寿辰称为喜寿。

丨 部

丨 （一）gùn 上下贯通。（二）shù 汉字基本笔画竖。（三）yī 姓。（四）tuì 上下贯通（该释义要从下往上写）。

刂 同箸，即筷子。此字形象生动，点个赞。

川 1.河流。2.平地，平野，如一马平川。3.指四川。

上 shàng 甲骨文二（上），与二（下）相对。

上上 shàng 义不详。

上上 shàng 义不详。

[illegible] shàng 义不详。

[illegible] yán 义不详。

㠯 同以。

㠯㠯 péi 义不详。

串 象形兼指事字。甲骨文像是用绳索或棍穿物形。引申把相关的事物连贯起来成为一个整

体，如串讲、串联、羊肉串、撸串。再引申出串门、串通一气、一串笑声等。

丳 同弗（chǎn）。烤肉用具。

中 象形字。甲骨文[illegible]，本是氏族社会的一种徽帜。古代有大事，先在旷地立徽帜，召集全族人聚合。后引申指中心等义。

中中 zhòng 台湾人名用字。

全书中同体会意字常用于人名。

中中中 zhōng 或 chóng 台湾人名用字。

丿 部

丿 piě 指事字。旧时还读作“必”和“咬”（现在，这两种读音都被撤掉了）。丿不能成字，仅作部首。在字典中，凡是楷书形体中含有丿又难以归于其他部落的，只好归于丿部，如“九、乌、失、久、么”等字。

丿 yè 同厂（抴）。抴是曳的异体字，义为拖，拉，牵引。

彡 shān 象形字。用作部首时，读作三撇儿。彡，甲骨文三撇表示击鼓而祭。此义后加“月（肉）”成“肜”。据此，彡当鼓声之象征符号。后将胡须、光影、声响、外形等归于其中。古时，三表多，自然彡也表示光影、声响等繁多而驳杂。

𠀉 同丘。

𠂲 同氏。

𠚣 同刀。地名用字。𠚣水坝，村名，在江苏省。

𠚤 zhī 义不详。

几 同凡。

𠘧 yí 义不详。

𠂤 同堆。

𨸏 同陷（duì），义高。

乂 yì 书面用字。治理；安定，如乂安（太平无事）。

爻 yáo 1. 构成八卦的长短横道。2. 姓。

㸚《说文》：㸚，二爻也。（一）lǐ 㸚尒（尒是尔的异体字），指稀疏明朗的样子。（二）lì 1. 止。2. 系。

丹 1. 红色，如丹砂。2. 依成方制成的颗粒状或粉末状的中药（从前道家炼药多用朱砂，因而称作丹），如灵丹妙药。3. 姓。

𠕁 cóng 义不详。

异体字：𠕁。

失 会意字。金文𡘅像有物从手中滑落的样子，会遗失之意。后逐渐引申出失败、失神、失礼、

失信、失约、失误等义来。

𡘋 cóng　义不详。

𢍏 同手。

𢍺 同拜。

拜的异体字：𢷏、𢁢、𣋾、𢷎、𢁡。

丶　部

丶 zhǔ　指事字。《说文》："丶，有所绝止，丶而识之也。"丶本来是旧时文章断句的标点。这个标点就好像当今的顿号。还有一种观点，丶就是古"主"。从篆文丶外形可以看出似蹿升的火苗，加上读音 zhǔ（主），再从篆文丶与小篆𡈼（主）上部相近三方面可以印证、就是古主。𡈼从上往下依次为：火焰、油盏、灯台、灯座。主是炷的本字。

冫 象形字。甲骨文像凝结的冰花。如今，冫仅用作部首，其部首内汉字大都与寒冷有关。

冫 一般称之为冬字底。还用于汉字同体或近似同体字简化，如棗（枣）、攙（搀）。

丷 作部首时称之为倒八或兰字头。

⺀ 同伊。

氵 现主要用作部首，称之为三点水。氵部首内汉字大都与水有关联。

⺍ 兴字头。大都由汉字简化而来，如興（兴）、舉（举）、學（学）、覺（觉）……这类字繁体时上部非常接近，都是由两手相互捧着。輿、盥等字没有简化，要不然⺍队伍更加浩浩荡荡。

八丶 三点底的汉字极少，但都蛮有故事的。仅举花港观鱼一例。

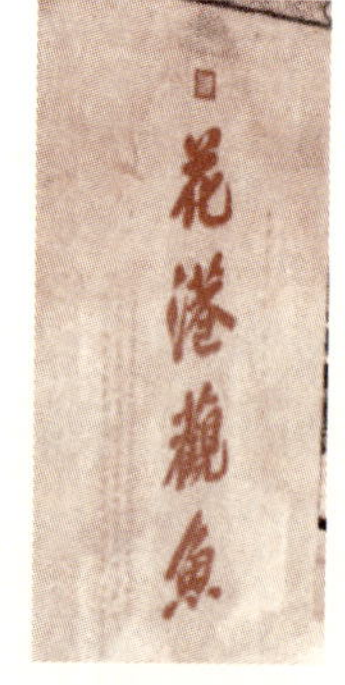

花港观鱼是西湖十景之一，那块花港观鱼碑，是康熙皇帝的御笔。碑上的繁体“魚”字下的四点少了一点。康熙为何如此书写，有两种截然不同的说法。

一是有意写错。康熙信佛，有好生之德，题字时他想“魚”字下面有四个点，四点代表火，鱼在火下烤，还能活吗？于是有意少写了一点，三点成水，这样鱼便能在湖中畅游，潇洒自在。

二是继承古人写法。小篆字形中的“鱼”，下方有的隶变为四点，有的隶变为三点。魏晋南北朝及隋唐时期下面三点的“鱼”比比皆是。康熙只是选取了古人所用生僻字来题写碑文而已。这么一说，康熙大帝没有错。

灬 火部首的附形部首，作部首时称之为四点底。绝大部分灬是由火演变过来的（如煮、热、烈、煎、熬、煦、熟、照、庶、黑、羔、焦、然），但也有通过其他讹变而成。煞，篆文与殺（杀）是一个字，后讹变成煞。煞中的灬是由木讹变而来。燕中的灬是由燕尾讹变而来。

乚 部

乚 象形字。《说文》：“玄鸟也。齐鲁谓之乙。取其鸣自呼。”玄鸟就是燕子。许慎认为乚实乃因燕子的鸣叫声像乙音而命名。有的说是像远处上下翻飞鸟的倩影。另一说根据乚部中所从的“孔、乳”二字来分析，乚应该为乳房侧影。乳字左上方为爫（手）左下方为子，整个字形喻义母亲用手托着孩子的头吃奶；“孔”与“乳”近似，只是省去爫，同时孔又表示乳头内有孔穴，便于孩子吸吮。《现汉》将乚合到乛部首里。乚几乎是万金油，许多部首或汉字都可以加乚成字，如乩、乱、扎、轧、礼等。《汉语大字典》对乚解释为：乚同毫，十丝。

卝 同丩（纠）。同体字左右组合时，通常左侧比右侧要瘦小，左侧末笔变形，但也有左右完全对等的。

乙 象形字。虽说乙部排在乛部15个附形部首倒数第2，但在15个附形部首中只有乙现在能单独成字。郭沫若在他的《甲骨文字研究》中肯定地说：“乙之像鱼肠，丙之像鱼尾……”《说文》等书籍中又说乙像孟春之时草木萌芽而又弯曲拱出的样子。正因为乙字呈弯曲状，所以古人称打钩为画乙。若文章中有文字脱漏，也常常用乙替代，如韩愈《读鹖冠子》中有“乙者三”，意思就是此处脱落三个字。

后来，乙本义渐渐被人们遗忘，乙出现频率最高当数在“天干”里，即“甲、乙、丙、丁……”笔者小时候，老师批改作业时也常常用“甲、乙、丙、丁”表示优秀、良好、及格、不及格。

⺂⺂ 同會（会）。⺂⺂与篆文巜外形颇相似而音同，疑是巜字的讹变。

彐 qǐ　义不详。

𡿨 quǎn　同甽。象形字。指田间沟流。

巜 （一）kuài　同澮（浍，现读 huì）。田间的水沟。（二）huān　濡（沾湿）。

巜　《说文》：巜，水流浍浍也，方百里为巜，广二寻（寻，古代长度单位，一寻等于八尺，也有说七尺、六尺为一寻的），深二仞（古时八尺或七尺为一仞）。《释名》：水注沟曰巜。巜，会也，小水之所聚会也。也有学者说：𡿨，水小流也。巜倍于𡿨，其流大也。巜在《说文》属于部首，而如今则被排除在部首表之外。含巜的汉字很少，常见有波光粼粼的粼。

巛 古同川，今仅作部首。巛独立成字时写作川，作偏旁时写作巛或川。凡由巛组成的字大都与水流有关，如邕。有些字其楷书结构中虽含有巛却与水无关。如巢，字下部木为树，中部田为鸟窝，上部巛为三只小鸟（三也表多）。巛还同𩕟（shùn），指头发。

巛 古同坤。

每个折中间不相接。

巜 lì 义不详。

𡿧 同坤。

了 象形兼会意字。篆文 像小儿被捆缚于襁褓之中，泛指收束。引申指完结，如完了、终了、了结等。还用作瞭的简化字，指明白，懂得，如明了、了解等。现在主要虚化作助词，如枫叶红了。

𠄏 同歼、歼，歼、歼是殲的异体字。

孑 同乃。

马 hàn 花苞。

马与马之间不能有半点马虎。

弖 xián　草木之花茂盛。

也 象形字。甲骨文 像蛇。借用作语气助词，又用作副词，表示同样，如这样也可以。由于“也”为借义所用，古人另造虵，后规范写作蛇。

乜乜 mí　义不详。

䖵 音不详。地名用字。

尹 会意字。甲骨文 ，从针从手，会手执针治病（也有讲是执笔）之意。引申指治理，再引申指官名，现在主要用作姓。

𢏌 xiǎo　义不详。

羽 yù　义不详。

予 会意字。篆文 像上下两只梭子，其中一只有线引出，会梭子来回移动。引申出给予等义。后

来，古人另造梭代替予的本义。

孖 xù 堪孖，传说中的鱼名。《山海经·东山经》："又南三百里，曰犲（注：犲同豺）山，其上无草木，其下多水，其中多堪孖之鱼。"堪孖其状如夸父而彘毛，其音如呼，见其则预示天下发大水。

出 会意字。甲骨文凶像脚从凵迈出，会走出之意。

出不是两山重叠。

㞭 sè 疑是𨅝（澀）的讹俗字。

异体字：㞭。

刁 象形字。刁和刀本是一字。刀用作姓时改为刁。刁除用作姓之外，还兼顾了狡猾、奸诈、撒泼等贬义，令人避而远之。

刕 同劦（lí）。姓。

丰 同丰。

𠁽 同丰。

㚘 同友。

十 部

十 指事字。甲骨文丨（棍），是一根有刻度的棍。金文（加点）表十。

卄（廿） 同廿。

卉 同卉。

卅 sà 1. 同卅。2. 量词。贝八十枚为一卅。

卅 sà 数词。三十。如五卅运动。

卌 xì 1. 数词。四十。2. 插粪耙。

卌 同卌（四十）。

𠕁 同册。

千 会意字。甲骨文从人从十。人寿百年，十人千矣。

𠦃 同年。𠦃与𠦃同为年的异体字。

⿱千⿰千千 qiān 台湾人名用字。

南 象形字。甲骨文指击打乐器的象形。后来南作为方位名，大概是源于此乐器产于我国南部。

⿱南南 同早。张涌泉《汉语俗字丛考》认为⿱南南是棗（枣）字讹变的结果。

⿱南⿰南南 同枣。张涌泉《汉语俗字丛考》认为⿱南⿰南南也是棗（枣）字讹变的结果。

直 会意字。甲骨文从目从杆（标杆），会用目瞄准标杆以测端正之意。

直的旧字形为直。

矗 chù 高耸、直立。矗立，指高耸地立着。

异体字：⿱直⿰直直、⿱直⿰直直。

⿱⿰直直⿰直直 同疑。

真 会意兼形声字。甲骨文从鼎从人（兼表声），会人持匕首从鼎中取食之意。金文[金文字形]。楷书写作眞，俗作真。真本义为美食美味，引申指本质、本性、本原。由于真被引申义所累，古人另造珍。

真的旧字形为眞。

顛 同颠。

巔 同顛（颠）。

𥄕 zhēn　义不详。

厂（厂）部

原 会意字。甲骨文[甲骨文字形]从穴从水，本义为水流的源头。原是源的本字。原引申指最初，如原来、原始、原本等。由于原被引申义牵扯精力太多，古人另造源，给原分流不少字义。

厡 同源。

厵 同源。

⿱原⿰原原 同源。

⿱原⿰原原比厵少了三小撇啊。

⿸厂⿱原⿰原原 同源。

𠂢 同派。

⿸厂派 同愈。

匸 部

區（区）会意字。甲骨文从匸（荫蔽区）从品（物品或众人），会藏匿之意。区，最初读 ōu。藏匿犹如容器，区也指容器，此义另加义符造出瓯字。还用作姓。由藏匿的地方引申出地区等义来，此义读 qū。

匲 同鏂。鏂：（一）ōu　1. 古同区，容量单位。2. 鏂銗。①古代门铺及装饰；②颈铠

（保护脖子的盔甲）。3. 盛酒器，形同簋，敞口，圆唇，圆腹，平底，圈足。（二）kōu 同剾（义为剜）。

鏂

卜（⺊）部

卝 同麗（丽）。应该是古人嫌麗笔画太多自创的俗字。

卥 同虍（虐）。

𡦹 同卨、离，现规范写作卨。常用于人名。

𢦏 同我。𢦏有点“勿忘我”的感觉。

卣 （一）tiáo 草木果实下垂貌。（二）yǒu 同卣（古代专门用以盛放祭祀用的香酒的青铜器）。

鹵鹵鹵 同卤。

冂（冂）部

冂 （一）jiōng　1. 同扃。①自外关闭门户用的门闩、门环等。②门，门扇。③关门。2. 都邑的远郊。《说文》：邑外谓之郊，郊外谓之野，野外谓之林，林外谓之冂。（二）jiǒng　义为空。

冂冂 同人。

冊 cè　义不详。

冋 zōng　也有说同乳。

冊冊 同宜（宜）。冊冊，当为《说文》“宜”字小篆的变体。

用 一说用是象形字。用的甲骨文▯就是桶。也就是说用是桶的本字。另说用是会意字。甲骨

文𠧞从卜从版（占卜用的骨版），会骨版上已有卜兆，可据之行事。公说公有理，婆讲婆有道。读者朋友你自己掂量掂量吧。

𠕈 音义不详。

𠕊 chuán 义不详。

𡆵 jīng 义不详。
异体字：𡆵。

八（丷）部

八 指事字。甲骨文用一撇一捺来表示将一物分开之意，是扒、捌、分、掰等字的初文，本义分开。现在主要用作数词。

㕣 同别。八八连读似乎有拜拜（别也）味道。

分 会意字。甲骨文从八从人，指人用刀将物分开。分，常用字，不用更多解释了。

[illegible] hài 义不详。

興（兴）会意字。甲骨文从（不同方向的四只手）从（夯一类工具）从（口，劳动号子），表示众人和着号子一齐举起夯愉快地劳作。

[illegible] wèng 义为燃。

[illegible] zhèng 义不详。

[illegible] 同[illegible]。

[illegible] biàn 义不详。

其 象形字。甲骨文像簸箕。也许“其”貌端庄、简洁大方，后来被借作人称代词（相当于第三人称，如自圆其说）、副词（表示反问，相当于岂、难道）、连词（表示选择，相当于或者）、结构

助词、系词等等，于是古人只好另造箕分担了“其”的责任。

𠁩 同其。

人（亻、入）部

人 象形字。甲骨文ㄅ，打眼一瞅，就知道人的谦恭、真诚。人好写，但做大写合格的人很难，难于上青天。

仌 同冰。雪铁龙汽车标志（见右图）就是仌的艺术再造。仌同冰，冰与雪（雪铁龙）相连，冰雪世界令人赞叹！

从（從）二人，本义为相随。今为從的简化字。“从”是简化汉字带来的善果。

众（眾）（一）yín 同乑。（二）zhòng 衆的简化字。通常都是将同体会意字简化成非同体会意字，如轟、聶分别简化为轰、聂，但衆反其道而行之，眾简化为众，既好写又好认还好懂，点个大大的赞。

从 同众。

众 同虞。《同文备考》：众者，守山泽之吏也。

㐺 同盗（盗）。

人、仌、从、众、从，从这些字的字义来看，可以说都具备多样性。比如说“从”，既有褒义的“从善如流、从容不迫”等，也有中性“随从、服从、力不从心”，更有贬义的“从犯”。从另一个角度来说，人可塑性极强。众，同虞，偏向欺骗（尔虞我诈）。㐺，五人，团伙性质，盗也。

个 象形字。字形像“竹”字一半，指称竹子的数量。为了突出其义，篆文另造了箇（从竹从固），表示竹一枚。由于“个”使用范围扩大，俗又另造了個（从人从固）。如今规范用“个”。

竹 同竹。

竹 作部首时写着⺮。

[illegible] qí 参差，节拍不合。

异体字：：[illegible]、[illegible]、[illegible]。

介 会意字。甲骨文[illegible]从人从四点，会官兵身披铠甲之意。由人在铠甲之间，引申出媒介、介绍、中介等义来。

价 同谒（yè 谒见指拜见地位或辈分高的人）。

[illegible] gòng 义不详。

余 象形字。甲骨文[illegible]从[illegible]（尖圆屋顶）从[illegible]（竖架），本义茅屋。汉字简化时，余充当馀的简化字，但特别强调在余与馀字义容易混淆时，馀不得简化为余。如《草堂诗馀》等。2013 年 6 月国务院颁布的《通用规范汉字表》中，将馀作为余的繁体字，因为根据几十年来实践（特别是依据上下文来判断），余与馀不会产生混淆，于是决定将余留下，而将馀留在繁体字库里。余的本义另造舍代替（余与舍两字字形其实很像）。余现在意义除作姓外，其余都是馀留下来的，如富余、余粮等。不过，

秦末人陈馀这个名字还是保持不变为好。

⿱余余 同余。

倉（仓）象形字。甲骨文上为仓顶，中为仓门，下为仓底。几经演变，楷书写作倉，今简化为仓。说到仓，不得不提到仓颉。据说，仓颉是黄帝（注意，黄帝不要写作皇帝）的史官。黄帝对仓颉创制出汉字大加褒奖，于是赐其倉姓。倉，君上一人，也称人下一君，相当于一人之下万人之上。仓颉不敢当，几番推辞不下，只好在倉字上加艸写作蒼。这里顺便解释一下颉字。颉，是个多音字。颉读 jié 时，专用于仓颉。可见仓颉面子有多大。其实，颉字中的页表示头，暗指仓颉造字上观天下瞰地，脖子始终保持坚挺状态，由此可见还是表扬加表扬。颉读 xié 时，指鸟往上飞，还用作姓。颉

仓颉像

颃（háng）既指鸟向上向下飞又引申不相上下。

䲱 同堯（尧）。

舍 由于余被引申义所缠（参见35页“余”），古人另造舍代替余的本义。后来，舍还充当捨的简化字。

在汉语称呼系统中，有“家大舍小令外人”的七字诀，比自己辈分高或年长的家人用“家”，如“家父”“家母”等；比自己辈分低或年幼的用“舍”，如“舍弟”“舍侄”等；称呼对方的亲属一般用“令”，如“令尊”“令爱”等。

𦧮 xīn 义不详。

僉（佥）会意字。篆文僉，会众人同说之意。现在主要出现在“俭、殓、敛、剑、险、验、检、脸、签”等汉字中，充当形旁、声旁。

𠌫（㑒）（一）同鹼（碱）。（二）同僉（佥）。

含 会意兼形声字。金文从（今，饮，兼表声）从（口），会口里含着东西之意。

[illegible] xìn　义不详。

仌 同凝。

亻 人作部首时（通常在汉字左侧，如作、你等）写作亻，读作单立人、单人旁。

[illegible] 同从。

[illegible] 同途。

[illegible] 同豖（聚）。

㐺 同倯（sǒng）。疾速前进的样子。众多的样子。

[illegible] 同豖（聚）。

麤麤（上奄下辵，并列二字）lì 义不详。

入 象形字。甲骨文∧像穴居入口。引申出入、进入等义。

从 同两。

仌 1. 同超。2. 同天。3. 同仐（①同今。②同伞）。

勹 部

匋 音义不详。

芻（刍） 1.牲口吃的草，如反刍。2.割草及割草的人，如刍议（谦辞，称自己的言论）。3.姓。

芻 芻（刍）的讹字。

句 象形兼会意字。甲骨文[甲骨文]从ㄐ（丩，即纠）从口（口，说话），会语调曲折之意。古人

读书时，在停顿处钩以止之，故用语调曲折表示停顿句子的意思。后由语言停顿引申出句子。由曲折引申出弯曲等义来，后来新造“勾”担当“句”的弯曲义。句的挂住之义另造钩。

朐 qú　同朐。指弯曲的干肉。

匇 同匆。

匒 同宜。

儿　部

儿(兒) 象形字。甲骨文᠀上为张开的囟门（幼儿囟门未长合）下为人，专指幼儿、儿童。兒简化为儿。

实语素的儿（儿子）与用作后缀的儿（花儿）要区分开。

兓 同从。

兂 同簪。

异体字：旡。

兓 （一）jīn　1. 兓兓，也作簮簮，指锐意。2. 同尖。（二）zàn　二人屈己以赞。

异体字：兓。

兄 会意字。甲骨文从（口，说）从（人），表示祝祷。兄是祝的本字。古时家庭祭祀都是由长子操办，故兄引申为兄长之兄。祭祀之义另造祝。

㒣 同昆。昆，会意字，篆文从日从比，会太阳之下人们共同分享之意。兄弟间也是同生共长，故将昆引申为兄，也就是说昆是兄之别称。天下众多同类之虫大致相同，故用昆代替虫，从而昆虫一词出现在人们视野。

先 会意字。甲骨文从（止即趾，表示行走）从（人），止在人上，会在前引导之意。自然也就引申出先行、先进等义来。

兟 shēn 义为进。

⿱先兟 同甡。甡甡（shēnshēn），形容众多。

⿱兟兟 xiòng 义不详。

克 象形字。甲骨文像戴盔执戈的武士，克敌制胜得以印证。克是剋的本字。现在克还借用重量单位，如一斤为 500 克。

兢 jīng 1. 兢，强劲貌。2. 小心谨慎貌。也作兢兢。3. 颤动。4. 草名。

异体字：⿰⿱朩兄⿱朩兄、⿰⿱丰兄⿱丰兄、⿰⿱圭兄⿱圭兄。

几 部

凡 象形字。甲骨文像盛放物品的盘子。由盛引申出概括之义（大凡、凡例），再引申指全部（凡是）。全代表多，多自然就不稀罕，于是就引申出凡人、平凡、非凡、凡世间等。

⿱凡凡 同無（无）。

亠 部

玄 会意字。玄与滋、兹、丝同源，甲骨文都是指在水里漂洗染丝形，结果丝越漂越净、水却越来越黑，玄就有了黑的意思。由黑夜中不易辨认，引申出奥秘，如玄妙、玄机等。

兹 zī 1. 黑，浊。2. 同兹（兹）。

玈 同兹。

异体字：兹。

𣏟 同𣏟（朩，pìn 1. 剥去麻片。2. 麻片）。

𣊫 同𣊫（zāo 义为日出东方）。

䒪 biàn 义不详。

由两弃两卞组成。

宀 部

冝 同宜。

⿱冝⿰冝冝 同⿱宜⿰宜宜（宜）。

凵 部

凷 同塊（块），指土坷垃。《礼记·丧大记》：父母之丧，居倚庐，不涂，寝苫枕凷，非丧事不言。用当下话说：父母去世后的服丧期间，要住在家中门外东墙下倚墙建造的居丧庐舍中，那里只是用草做墙而不用泥涂饰，直接睡在草垫子上用土块做枕头，除了丧事之外口不言说。

⿱凷⿰凷凷 同凷（块）。

⿱凷⿰凷凷 同凷（块）。

卩（㔾）部

卩 jié 甲骨文像跪坐之人。现仅作部首，读作单耳旁、单耳刀。也称之为硬耳朵（阝称之为软耳朵）。卩部首内汉字常常与人相伴。后卩被假借为“符节”的“节”（符节就是古代朝廷发布命令或征调部队所用的一种凭证，双方各持一半，完全吻合才可执行）。

卯 同顨（zhuàn）。1. 皆，都。2. 见。

丽 同丽。

卪 同节。

卯 同顨（zhuàn）。

㔾 作为卩的附形部首，《现汉》第 7 版中该部首有：卮、危、卷、卺。㔾，一与卩同源，

二表音（如犯、范）。

卯 同顛（zhuàn）。也有专家说，卯从二人跽而相从之状，疑即古巽字。

顛的异体字：颠、卯、卯、囟。

卺 jì 义不详。

刀（刂、⺈）部

刀 象形字。甲骨文 ∮ 似刀形。

刅 同从。另说同剥。

刕 lí 1. 割。2. 姓。《通志·氏族略四》：“刕氏，蜀有刁逵，避难改焉。”

刃 同危。刀山火海，危险之地。

𠚣 同刅（sè）。义不详。

⿱⿱𠂊冂⿱𠂊冂 同㲋（chuò　一种像兔但体形较大的青色兽）。

免 象形兼会意字。甲骨文[甲骨文字形]从[甲骨文字形]（孝帽）从人，像戴孝帽俯身而吊的样子。古代丧礼，先脱掉冠然后用孝布包裹发髻，上边再包出两个尖角，如今鲁西农村孝帽大都还采用此办法。免，是冕的本字。由脱帽引申出免除、免去等义。

⿱免免 同毚。

⿱免⿰免免 同⿱兔⿰兔兔。

兔 象形字。甲骨文[甲骨文字形]。几千年来，兔字的模样几乎没大变。

⿱兔兔 chán　同毚。1. 狡猾。2. 贪。3. 古代农具；也作兵器，后作鑱（镵）。

异体字：⿱兔兔。

⿱兔⿰兔兔 fù　疾；疾貌。后作趦（也作赴）。段玉裁注：与三马、三鹿、三犬、三羊、三鱼取意同。兔善走，三之则更疾矣。

动物名称用字作同体会意字尤其多，除前面所述外，还有牛、虎、龙、豕等可组成同体会意字。

力 部

力 象形字。甲骨文像犁地的耒形。犁地需要力量支撑，引申义不说大家也心知肚明。

⿰力力 同從（从）。一说⿰刀刀的讹字（参见46页“⿰刀刀”）。

劦 （一）xié　1. 同協（协）。2. 急。3. 姓。（二）liè　用力不停。

又 部

又 象形字。甲骨文像手张开抓取东西的剪影。又，本指右手，由于“又”引申义太多（如“又”还表再，例子有：又一次打破世界纪录），古人只好另造“右”代替“又”。

因为“又”笔画少，简单大气上档次，所以在汉字简化过程中充当非常重要的角色。如：鄧（邓）、雙（双）、聖（圣）、對（对）、戲（戏）、觀（观）、歡（欢）、變（变）、艱（艰）、難（难）、轟（轰）、聶（聂）等。由于老母鸡的“鸡”繁体字有两种写法（雞、鷄），简化时让专家着实为了难。如果拿“雞”开刀，“雞”简化为“难”，就与困难的“难”相冲突。专家毕竟是专家，于是刀便架到了“鷄”的头上，“鷄”简化为“鸡”，“雞”只好嫁鷄随鷄简化为“鸡”了。

叒 同友（𠂇为左手，又为右手，两手相握，自然友好）。

友的异体字：𠬛、艸、𡴍。

双（雙）一只手抓住两只隹，双也。隹，读zhuī，指短尾巴鸟，如麻雀。

雙的异体字：𩀱、雔。

叒 同若。1. 顺。2. 叒木，同若木，即古代神话中木名“榑桑（扶桑）”，据说太阳初升，登上此木。

叕 （一）zhuó 1.连缀。也作缀。2.短，不足。（二）yǐ 张网貌。（三）lì 1.止。2.系。（四）jué 速。现在统读 zhuó。

写到这，我们不得不说“又双叒叕”体。2012

年12月18日晚间，境外某网站发布了一条微博，“我们又双叒叕要换首相了”。简单的一句话在网上瞬间走红。这句话的关键在“又”字，“又、双、叒、叕”拆开就是10个“又”字。

接着，很多网友在发表评论时，模仿该网站，诸如：“这帖子要火炎焱燚了！”“……终于改口吅品器说自家事了。”“……这真是一方水林森淼土圭垚壵养一方人从众众啊！”“评论好牛牪犇犇啊！”

2016年1月16日的《山东商报》不甘寂寞，中国国奥男足在奥预赛再次失利后，以《又双叒叕跪了》为题进行了评论。不知猴年马月，中国男足能“又双叒叕”站起来。

回顾
体育新闻
QATAR 2016
又双叒叕跪了
坑爹啊!

叾 同右。

[illegible] 同啟（启）。

厶 部

厶 象形字。甲骨文像成熟的胎儿。胎儿来自男女交合，于是引申指男女阴部。厶后作部首，本义另造私。

厸 同幻。

厸 （一）lín 同鄰（邻）。（二）miǎn 张口。

厽 lěi 垒土为墙。

厸厸 同幽。墙高屋深，幽静也。

厷 同肱（gōng 胳膊上从肩到肘的部分，也泛指胳膊）。

厸 bǎi 义为数。

么 象形字。么、幺，在甲骨文中是同一个字，像一把细丝形，如今“幺”还有小、细的意思（如“幺小、幺妹”）。么、幺两字中“厶”由弯曲的细丝变化而来。

幺幺 同丝（幽）。

丫 同枴（枴现写作拐）。

亝 （一）同齊（齐）。齐的甲骨文⁂像三株（三代表多）禾苗，平整田地里庄稼大都整齐平展。（二）同斋。

牟 指事字。金文牟在牛上方一点，表示牛叫声。后来，牟用于地名、被借用作设法取得（牟利）等义，本义另造哞。牟，读 móu。指牟取，姓；读 mù，指山东牟平、河南中牟，姓。因而当遇到姓牟的人士，一定要先请教到底读什么音，要不然，“哞”你一声，吃不了兜着走噢！

异体字：牪。

⿰牟牟 mú 义不详。

奂 同六。

⿰奂奂 同六。

去 会意字。甲骨文从(人)从(口，住地)，会人们离开家之意。

⿰去去 同去。

干 部

干 象形字。甲骨文¥，像弹弓。“干”本身并不复杂，复杂就复杂在汉字简化过程中。

（一）gān 1. 古代盾牌，姓。2. 冒犯（干犯）；牵连，涉及（干连，干涉，相干）；追求职位、俸禄等（干禄）。3. 水边，如江干、河干。4. 天干。5. 干（乾、乹、乾）。与水分相关的以及引申义，如干湿、干洗等。

（二）gàn 1. 干（幹、榦）。①事物主体或重要部分，如树干，骨干。②干部。2. 干（幹）。①做事，如实干。②能干，有能力，如干练。③担任，从事，如他干过副厂长。④方言用字。事情要变坏，如要干。

请大家务必注意，“干”读 gān 时前 4 项解释，“干”是没有繁体字的，千万不要画蛇添足。其他义项，一定对号入座，要不然繁错了，“干”就会撂挑子不干了。

幵 jiān（又读 qiān） 1. 羌族的分支。2. 平。3. 姓。4. 同岍（岍）。岍山，在陕西。

工 部

工 象形字。甲骨文𠤎像捣土的杵。由工具引申做工、工作等义。工是常用字，这里不必过多解释了，要不然就是浪费工夫了。

㠭 同展。

章太炎与女儿的名字

1986 年 10 月 10 日，在武昌起义 75 周年之际，中国人民邮政发行《辛亥革命著名领导人物》纪念邮票，全套3枚，依次为孙中山、黄兴、章太炎。

章太炎先生是专门从事“小学”（中国传统语言文字学，不是现在中小学的小学啊）研究的。正因为如此，他给自己的三个女儿起名：长女章㸚，二女章叕，三女章㠭。并且对外宣称，娶他女儿的男孩子得认识、理解他女儿的名字，否则免谈。结果，三个女儿就成剩女了。

无奈，章太炎专门召开新闻发布会，并大摆宴席邀请亲朋好友，在席间说出自己给三个女儿起名的意义和读音：

㸚，读礼时，指稀疏明朗的样子；读力时，指止、系。㸚，交之广也，可以理解为朋友多。

叕，读酌时，有连缀或短、不足之义；读乙时，指张网的样子；读力时，指止或系；读决时，指迅速。叕，缀联，好事不断也。

㠭，读展，是展的古字。㠭，展现、展示、展露才华也。

还别说，此次新闻发布会后不久，待字闺中许久的三个女儿顺利嫁人。

还有的文章说，章太炎四女儿名字叫章㗊。㗊，读 jí 的时候有众口喧哗的意思；读 léi 的时候就通雷字。

是真是假，暂不去考证。但从中可以看出同体字会意还是蛮有意思的。

左 甲骨文时 为象形字，字形与 （右）相对应。金文 （加言，表示通过语言协调共同劳动、作战）、 （加工，表手持工具），至此成为会意字。因为大多数人通过右手劳动，左手只起辅助作用，这样就引申出佐。所以，左是佐的本字。

𢀩 （一）huī　义为毁。（二）zuǒ　同左。

𢀳 音不详。地名用字。

貢（贡） 会意兼形声字。金文 从 （工，兼表声）从 （贝），会向统治者进献宝物之意。引申指贡献等义。

[illegible] zhàng　义不详。

土（土）部

土 象形字。甲骨文像是地平线（▁）立起的土墩（0）。土堆当是古时祭祀形体。后土借用作大地，本义另造社代替，故土是社的本字。

圭 guī　1. 古玉器名。2. 古代测量日影的仪器。在石座上平放着的尺叫圭，南北两端立着的标杆叫表，根据日影的长短，可以测定节气和一年时间。3. 古代较小的容量单位。《孙子算经》：六粟为一圭，十圭为一撮。4. 古代重量单位。十粟重一圭，十圭重一铢，二十四铢重一两，十六两重一斤。5. 洁。6. 姓。

圭

圡 tǔ　台湾人名用字。

垚 yáo　土高貌。后作堯（尧）。多用于人名，如五帝之一尧。

㙓 kuí　义为土。此字组合形式很洋气，不土也。

兂 lù　古书上说的某些蕈类植物：菌兂。

𡭥 同堯（尧）。

𡗗 同兂。

堯（尧）会意字。甲骨文 像一个人肩扛着陶器，也有说是在窑前烧制陶器。古时能烧制陶器者，必然智商较高，后引申指高大、统治者（朕，指造船、修船者），如尧舜。

䴚 qiào　向上翘起。也作翹（翘）。

䴛 同䴚（尧）。

⿰甫甫 jí 义不详。

士 象形字。甲骨文像男性生殖器。引申指男士、战士、士兵、勇士等。

壵 同壮。

注意壵与垚字形、音、义的区别。

吉 会意字。甲骨文从士（男性生殖器）从口（容器），表示正在进行求福的祭典。男孩的小鸡鸡俗称吉巴，从中还能听出旧时之习俗。

喜 同喜。

喜 同喜。

喜下方为𠮷（土口）不是吉，不过古时候𠮷与吉是一个意思。

喆 同哲。喆常用于人名，取吉祥相随之意。

《通用规范汉字表》收字8105个，其中“喆、淼”等45个异体字，被收录调整为规范字，但这些异体字转为正体字大都限定使用范围。如，喆只可用于姓氏人名，哲学万不能写作喆学。

喆 同哲。

嚞 同哲。

喜 会意字。甲骨文从（壴，鼓）从（口），会人们击鼓欢笑之意。

囍 双喜字。

囍，传说是北宋政治家王安石所造。据讲王安石某年赴京赶考，途经马家镇马员外家，见大门外挂一盏走马灯。灯内点上蜡烛，烛焰热力形成气流，令轮轴转动。轮轴上有剪纸，烛光将剪纸的影投射灯罩上。灯各个斜面上大都绘制武将骑马，灯转动时看起来好像几个人你追我赶一样，故名走马灯。门楹上贴着一副对联，上联："走马灯，灯走马，灯熄马停步。"王安石看后称赞"好对！（意为上联

出句很好）”。马家门丁以为王安石的意思是“很容易对”，立马去禀告员外。等员外想见见这位后生时，不料王安石已经离去。王安石一时半会对不出下联，就匆匆赶往京城。考场上，王安石游刃有余，文章一气呵成。主考官一看大喜过望，想临时考一下王安石应对能力，随即指着厅前的飞虎旗出对：“飞虎旗，旗飞虎，旗卷虎藏身。”谁料想，王安石马上用马员外家门前的上联来对，主考官赞叹不已。

返乡经过马员外家，王安石借用主考官出的对联，自然十分吻合贴切。原来对联是马员外为择婿而出的，马员外闻知后，立即唤出女儿与王安石相见。数天后，王安石与马家小姐“闪婚”。新郎新娘拜天地之时，鼓乐喧天，热闹非凡，突然有差人来报，王安石金榜题名，中了进士。一日之内双喜临门，王安石喜上眉梢，趁酒兴连写两个“喜”字，贴在门上。从此，囍字不胫而走，流传至今。

后人对囍进行艺术再加工，将大量吉祥如意的人、物融合进来（见上图），给喜庆再添美好。

囍字写法有多种，如囍（台湾人名用字）、囍（下方两古之间横贯成一线）。从某种意义上可以说，囍的写法多得数不过来，可与寿的写法试比多。

艹（艸）部

屮 （一）chè　草木刚长出来。（二）同草。

艸 同草。草本植物的总称。

芔 （一）huì　同卉。（二）hū　疾也。

茻 （一）同莽。指众草或丛生的蕨类。（二）mǔ　宿草，指草木冬生不死。

异体字：芔、卉、芔、𠦄。

[illegible] 同麻。

[illegible] 音义不详。

[illegible] 同[illegible]（zhá）。义为花突开。

[illegible]、[illegible]两个字草字头中间不连接。

若 象形字。甲骨文[illegible]像高举两臂理顺长发的女子，表示女子柔顺、顺从。若是诺的本字。后引申指如同、像。

⿱若⿰若若 yuè　⿱若⿰若若⿱若⿰若若，风吹水的样子。

⿱⿰若若⿰若若 niǎo　义不详。

苟 形声字。篆文从艹从句（表声），本义草名。后借用作草率、随便，如一丝不苟、苟同。

⿰苟苟 jí 义不详。

⿰苟苟同弱。

⿱苟⿰苟苟 yáo　义不详。

⿱⿰苟苟⿰苟苟 同肴。

[illegible] 同葬。

葬的异体字：[illegible]、[illegible]、[illegible]、[illegible]。

菆 （一）zōu　1. 麻秆。2. 利箭。3. 烛余。4. 草丛生。5. 草席。（二）cuán　1. 聚集；丛积。2. 殡具。

3. 殡殓。（三）chù 鸟巢。（四）cóng 同丛。

⿱取取 同聚。

异体字：藂。

寸 部

專（专）会意字。甲骨文从（纺锤）从（手），会用手转动纺锤纺线之意。专是转的本字。由于纺锤始终围绕一个轴心，引申出专心等义来。专的本义只好另造转。專，日文写作専。

轉 同转。

廾 部

⿰异异 同⿰异异（sì）。义不详。

大 部

大 象形字。古人造“大”这个字的确费了不少脑细胞。什么叫大，大的参照物是啥呢？不知哪位先人想到天大地大不如人大，于是“大”的甲骨文[甲骨文]像张开双臂双腿、顶天立地的成年汉子。

夶 同比（“比”本身就是两人并肩而立，引申出比较等义）。

奊 同套。

燚 同太。古时，“大”也读tài，如“大王、大极、大子、大后”，此义后用“太”字代替。因而，燚同太也就有了出处。

亣 同立（亣，像人立在地平线的形象）。

竝 同并。异体字：竝、竝。

夫 象形兼会意字。甲骨文[甲骨文]在[甲骨文]（大，成人）的头部加指事符号━（簪），表成人。

古时，人出生后不管男女，头发任其自由生长（身体发肤，受之父母，不敢毁伤，孝之始也。《孝经·开宗明义章》）。男子到二十周岁，梳洗一番擦干后戴上帽子，这叫弱冠之礼。女子到十五岁，梳妆打扮，将头发盘在头顶并插上簪子，叫及笈之礼。放在当下就是成人礼。弱表示刚刚进入，还不成熟。男子弱冠之礼，要请一位德高望重的长者给弱冠之礼后的男子冠一个字（此前都是名，即小名），从此小名只有父母大人在极小范围内呼唤。女子及笈之礼后，等到男方派人送聘礼并赠字，这就叫待字闺中。

扶（一）同伴。（二）同赫。（三）同扶。

𡗗音义不详。

太会意字。篆文𠘯从大（人）从两点。两点在古文中有时候表重复，后汉字简化采用，如棗（枣）。后来以太为正字。

𡙡 tiān 义不详。不过选𡙡读音为天，也能猜出古人意图，太空深邃，𡙡也。

奇会意字。篆文从大（人）从可（表示以棍支撑），会拄棍一只脚站立的瘸人之意。隶变后楷书写作奇。本义为人一只脚站立，引申单数（如奇数），又引申与众不同，如奇异。由于奇的引申义太多，本义便另加义符写作踦。

踦 jǐ 站立不正。
异体字：踦。

尢（兀）部

兀（一）wū 仅有兀秃同乌涂，指水不凉也不热，多表示不满意；也指不爽利；不干脆。（二）wù 兀，指事字。兀与元同源。甲骨文从人，在其头顶加一短横，指削去了头发，用以表示上边光秃的意思。如突兀、兀鹫等。

兂 同天。

小 部

小 象形字。甲骨文小，像沙粒一类微小之物的形状。“小”被专家认为是“沙”的古字，用作大小的“小”是引申义。

𡭔 音义不详。

尛 音义不详。

尜 同麽（么）。

尛 同麽（么）。

尛 同小。

少 象形字。“少”是“小”的分化字，在甲骨文中也是细小的沙粒形。古时候，“小”与“少”通用。

尛 miǎo 台湾人名用字。

口 部

口 象形字。几千年来，口变化甚微。口，当初只是名词，后来一部分转化为量词，如“一口锅”。凡由口组成的字大都与嘴巴有关。

吅 （一）同喧。大声呼叫；声音杂乱。（二）同讼。争讼。

吕 1. 脊骨。2. 我国古代乐律中的阴律总称。3. 通旅。客舍。4. 长。5. 以口相接。6. 古国名。7. 地名。8. 姓。

吕的旧字形是呂。

吅 器的曾用简化字，已淘汰。个人在做笔记时可用吅代替器。

新中国成立后，汉字进行过两次大规模简化。

第一次：1956年1月28日，《汉字简化方案》由国务院全体会议第23次会议通过。1月31日，《人民日报》全文发表了国务院的《关于公布〈汉字简化方案〉的决议》和《汉字简化方案》。2月1日起全国通用。

第二次：1977年5月，文改会多次修订后的草案报送国务院审阅，此时草案光第一表就有了248个字。五个多月后，国务院批示：草案可在《人民日报》及省一级报纸上发表，征求各界意见。其中第一表的字，自草案发表之日起即在图书报刊上先行试用，在试用中征求意见。1977年12月20日，《人民日报》等报纸发表了该草案，第二天就开始试用第一表的字。于是，各报一律取用第一表的简化字排版。

由于第二次汉字简化仓促、步伐太大，很快受到有识之士抵制，于是1978年7月，中宣部通知《人民日报》、新华社、《红旗》杂志、《光明日报》以及有关的出版社，停止试用新简化字。8月以后，全国的图书报刊也不再使用二简草案第一表的简化字。

抪〔播〕	卩〔部〕	𦬁〔菜蔡〕	歺〔餐〕	扨〔撤〕	荅〔答〕	
旦〔蛋〕	苳〔董〕	式〔贰〕	実〔富〕	付〔副〕	忓〔感〕	合〔盒〕
北〔冀〕	廸〔建〕	江〔豇〕	亍〔街〕	艽〔韭〕	氿〔酒〕	桔〔橘〕
俈〔靠〕	扻〔款〕	兰〔蓝篮〕	叒〔磊〕	琍〔璃〕	昮〔量〕	𠆩〔僚〕
灯〔燎〕	庁〔廖〕	令〔龄〕	沺〔溜〕	峀〔留〕	㤆〔慢〕	𢂏〔帽〕
皃〔貌〕	苎〔蒙〕	帋〔幕〕	酐〔酿〕	沏〔漆〕	吅〔器〕	欠〔歉〕
垟〔墙〕	扐〔勤〕	吐〔嚷〕	𡧍〔赛〕	轪〔输〕	祘〔算〕	枟〔檀〕
粇〔糖〕	仃〔停〕	午〔舞〕	枸〔橡〕	肖〔萧〕	𡉀〔鞋〕	伩〔信〕
厷〔雄〕	宀〔宣〕	闫〔阎〕	汒〔演〕	犾〔耀〕	𢗀〔意〕	迊〔迎〕
形〔影〕	予〔预豫〕	迂〔遇〕	元〔圆〕	𠩄〔原〕	沅〔源〕	
𡧵〔寨〕	𫞥〔整〕	咀〔嘴〕	坐〔座〕	尸〔展〕	真〔真〕	直〔直〕

（括号外是废除的"二简"字，括号内是规范字。）

第二次汉字简化（部分）

回 象形字。回与亘同源。甲骨文一目了然。现在义大家都非常明白，就不来回解释了。

品 会意字。甲骨文（三口，表多），会人多嘴杂。引申指众多，慢慢地引出品位、品味、作品等义，由贬到褒，来了个咸鱼翻身。

吅 同品。

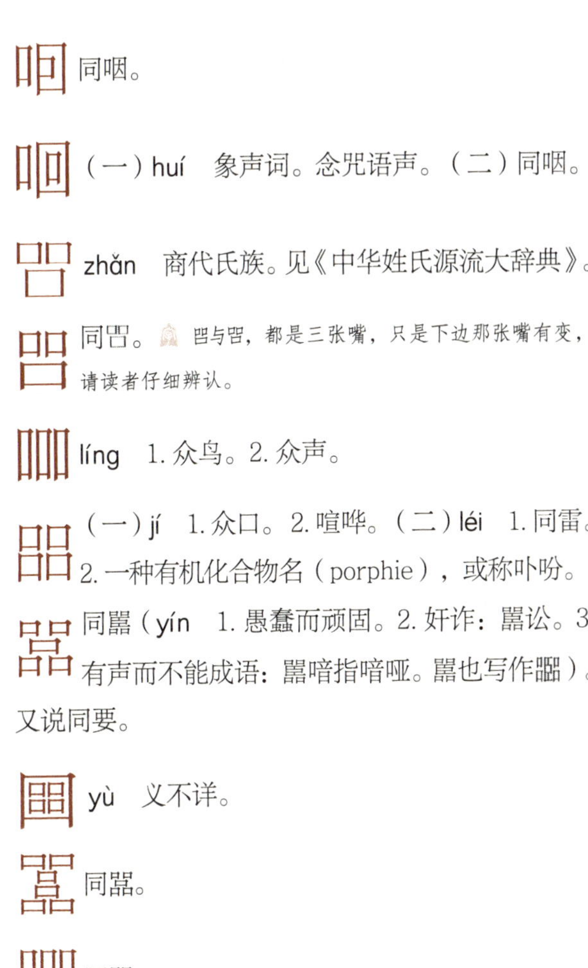

[illegible] 同咽。

[illegible] （一）huí　象声词。念咒语声。（二）同咽。

[illegible] zhǎn　商代氏族。见《中华姓氏源流大辞典》。

[illegible] 同[illegible]。[illegible]与[illegible]，都是三张嘴，只是下边那张嘴有变，请读者仔细辨认。

[illegible] líng　1. 众鸟。2. 众声。

㗊 （一）jí　1. 众口。2. 喧哗。（二）léi　1. 同雷。2. 一种有机化合物名（porphie），或称卟吩。

[illegible] 同嚚（yín　1. 愚蠢而顽固。2. 奸诈：嚚讼。3. 有声而不能成语：嚚喑指喑哑。嚚也写作[illegible]）。又说同要。

[illegible] yù　义不详。

[illegible] 同嚚。

[illegible] 同㗊。

咸 会意字。甲骨文从（大戈）从（口），会众人喊杀声震天动地之意。“咸”是“喊”的本字。金文、篆文。引申出全、都，如老少咸宜。陕西咸阳，位于渭河北岸（水北为阳）、九嵕（小的山梁）山之南（山南为阳），因而称为咸阳。咸还用作鹹的简化字。

[illegible] 同誖（悖，bèi 义为相反、违反，如并行不悖；不合道理，如悖误）。

古 会意字。甲骨文从（口）从（十，表多），会多口相传之意，表很久以前的事情。

[illegible] 同竸（竞）、兢。

号（號） 号与號本是两个字。号，会意字。篆文从口从丂（拐杖），会被打得大声哭叫之意。號，也是会意字，从号从虎，本义是虎叫。后来，號简化为号，也能大致说得过去。号，引申出号召、号令等义。

[illegible] 同號（号）。

可 会意兼形声字。甲骨文从（工具，兼表声）从（口，发声），会以歌助劳动之意。可是歌的本字。后来，可引申为同意、赞成、准许等义。看到这，你是不是也认可本书的解释了。

哥 1. 哥哥。2. 亲戚中同辈而年纪比自己大的男子。3. 称呼年纪跟自己差不多的男子。4. 姓。

[illegible] gē 圣人名。

[illegible] 同器。

[illegible] 同器。

[illegible] 同囱。单看是六个口组成，其实按数学方法可细分为若干个口。《汉语大字典》将[illegible]置于口部首内。

囗 部

囗，读围或国，是围的本字。注意囗与口（kǒu）的字形、音、义的区别。

囚 会意字。甲骨文从人从囗（笼），会人被监禁之意。

古人在修建城墙时，往往不把城墙建得方方正正，否则容易让人联想到囚。如北京明代城墙内城的西北角和外城的东南角都是缺角，整体呈凸字形。

㘓 lǎn 渔网。

㗊 同雷。

㗲 líng 1. 同零。2. 姓。

因 象形字。甲骨文中，像人睡在方席中。因是茵的本字。茵是席子的意思，如芳草如茵。

⿱因⿰因因 同因。

⿱⿰因因⿰因因 同烟。

⿴囗⿱⿰巛巛⿰巛巛 同零。

⿴囗⿲木木木 同囿（yòu）。1. 古代有围墙的园林，用以畜养禽兽以供统治者玩赏。汉以后称苑。2. 泛指四周有拦挡的菜园、果园。3. 划定的区域。也指城池。4. 集聚。5. 事物萃聚的地方。6. 拘泥；局限。7. 古地名，即笠泽（今吴淞江）。

山　部

山 象形字。甲骨文。从甲骨文中不难看出“三座山峰”，这里的三表多。在汉字中，凡由山组成的字大都与山有关。当然也有一些字如“仙、汕、秈、舢”等与“大山”无关，这些字中的“山”表音。

屾 shēn　并立的二山。

⿱山山 同出。

⿱山屾 （一）同涩。（二）kā　地名用字。山东省淄博市沂源县峜屾山。（来源《山东省沂源县地名志》）

⿱山出 同王。

上为山，下为出。

㠭 sè　山峦重叠，起伏连绵的样子。

⿱屾𣏟 má。

异体字：⿰米朩。

⿱山本 音义不详。

⿱屾⿰本本 同支。

岩（巖）会意兼形声字。篆文从山从嚴（严，表声），本义险峻的山崖。

𡶒 ruò 义不详。

耑 （一）duān 1. 同端。2. 姓。（二）zhuān 同专（但专用作姓时，不可写作耑）。

𡸆 chuán 义不详。

𡸟 qì 义不详。

𡹘 同茲（兹）。

𡺜 qì 义不详。

𡷗 音义不详。

兢 jīng　义不详。

屮 同草。

巾　部

巾 象形字。巾部首内的汉字，大都与布有关，当然也有一些难以归部的但含有“巾”只好归入“巾”部，如“帚、帝、希”等。

帍 cháng　义不详。

帀帀 同草。

帀帀帀 同卉。

帀帀帀帀 mǎng　1. 众草。2. 丛生的蕨类。

帀帀 同草。

市 会意兼形声字。甲骨文从冂（表示划定的范围）从止（趾，表声兼表前往），会前往市场之意。引申出市场、城市等义。

𢂜 同𢂜。行貌。

异体字：䢜。

𡈼 nǎo 闹。三为多，三市相接，能不闹腾吗？！

巿 象形字。金文像系在腰间仅能遮蔽前面的原始服饰形，即现在围裙。现在主要用作偏旁，在“柿、肺、芾”等字中充当小角色。

注意市与巿形、音、义的区别。

𢂜 bèi 行貌。

𡳿 同𡳾（zhū 草刚出土）。

𣎳 同牟。

希 篆文𢁫从爻（交织篱笆形）从巾，会像篱笆一样织得稀疏的麻布之意。希是稀的本字。由稀疏引申指稀少，物以稀为贵，自然就有了希望、盼望、仰慕等义。

异体字：䊀、𥣬。

𥣬 xī　义不详。

夕　部

夕 象形字。甲骨文☽像月牙形，篆体夕，楷书写作夕。夕与月本为一体。夕本义为日暮。

夘 同多。

多 甲骨文多，像叠放的两块肉。此处“两块肉”不是实指，表多。

异体字：㚐、夛、𡖈、夘、𡖇、㸭。

炙 （一）同炙。（二）同夜。（三）zhì 台湾人名用字。

燚 錖的讹字。錖，同燖，音 xún，义为用火烧熟，也指古代祭祀用的半生不熟的肉。

夊　部

夏 象形字。甲骨文像一个手持斧钺、壮大威武的武士。金文，成了一个头、身、手、足俱全的高大人形。楷书写作夏，其上为“头”的缩写，下为“夊”（读虽，指脚）。甲骨文“夏”最初作为中原古部落的图腾，于是成为中原古部族名称，相沿遂用以称中国人，或泛指中国，又指夏部落的头领大禹的儿子启所建立的我国历史上第一个朝代。后“夏”高大之义为“厦”取代。大则盛，于是“夏”又用以表示夏季。又说，“夏”的甲骨文似蝉，蝉在夏季出土繁衍，故蝉代指夏。

夓 同夏。

广　部

康 指事字。甲骨文从庚（摇铃），下边四点表示铃声。本义为摇奏乐铃，引申出安乐、健康等义来。也有的说，康的甲骨文 像是人们在筛米，下面那些“点点”好似被筛下的糠，留下自然就是“粹”。吃好米有助健康。

𪍑 kāng 义不详。

门（門）部

門（门）象形字。甲骨文，金文、篆文、楷书变化不大。即便是简化字“门”，外形上与“門”也是“门当户对”。

閸 同褒。

䦧 huō 义不详。

䦪 dàng 义不详。

宀 部

宜 同宜。

[illegible] 同宜。

宜 有两说。一说甲骨文像是在砧板上的两块肉之间，加指事符号，表示切分肉食。本义将一块肉切成均等的多份。二说甲骨文从“且”（雄性生殖器）从“肉”，会置肉于“且”前进行祭祀之意。篆文简化，上讹为“宀”。因为祭祀是应当做的合乎大义的事，故引申指合理的事和办法。如因地制宜、不合时宜、事宜等。再引申泛指合适，如适宜、老少皆宜。平分肉食为“宜”，独享双份或数份肉食为“多”，堆积大量肉食为“叠”。

异体字：[illegible]、[illegible]、[illegible]。

[illegible] 音不详。人名用字。

[illegible] 同宜。

异体字：[illegible]。

客 甲骨文从从（夊，是“止”的倒写，与“到”相反）从（人，旅人），表示进入他乡。金文从从（“各”，进入异地，兼表声）。

⿱穴各 hè 义不详。

⿱客⿰客客 同擠（挤）。三为多，许多客人相聚自然济济一堂。

寒 金文像一个人（）睡在屋子（）保暖的草褥（）上。本义天冷时用草褥取暖。晚期金文加（冰），表示秋冬时节屋里的水已经结冰。“寒、塞、骞、寨、赛、搴、謇、褰、蹇、謇”，共同拥有“𡨄”，但来历不尽相同。

⿱寒⿰寒寒 同凛。

容 甲骨文从（穴，石洞）从（物品），本义指在洞穴或地窖储存物品。篆文从从会意。也许是受金文好似人的脸形的影响，“容”引申出“容貌、面容”等内容也容不得你有半点怀疑。

⿱穴谷 1. 同豁。2. 同容。

辶 部

道 金文从（行，指路）从（首，代人）从（止，义为走），本义是引导人们行走。隶书为。还有一种说法，“道”指母亲生育孩子的产道。

**道
道道** zhà 字义不详。

彐（彐、彑）部

帚 象形字。甲骨文像由一簇竹条等扎捆的扫地工具。金文加，强调扎紧。篆文从

扫 帚

（又，手）从帚（扫帚头朝下，突出正在扫除）。“帚”也是“妇”的代名词。由于“帚”成为名词后，再加义符“手”另造“掃”（扫）代替。本义“帚”另加义符“竹”写作“箒”，后又简化为“帚”。“帚”又加义符“女”成“婦”（妇）。

𠭯 cì　此字的甲骨文用作人名。

𦬇 同那。

𩇧 同蜚（fēi）。

彐 作部首时称之为雪字底或横山。彐为主部首，彑、彑是附形部首。彐部首内只有录一个字。

𢑽 同多。

录(錄) 象形字。甲骨文上部像井口上的辘轳和水桶，水桶中的一点表示桶中有水，下部三点像桶底淌滴的水。本义用井上的辘轳从井下汲水。也有专家说像用钻木取火之形，上边是钻，下边是眼，小点象征碎屑或火星。楷书写作彔，如今规范用录。同时录又是錄的简化字。

[illegible] 同肆。

㣇 yì 1. 长毛兽。2. 猪。3. 狸子。

[illegible] sì 1. 猪类动物。2. 猪叫声。3. 一种鼠。4. 通肆。

异体字：[illegible]、[illegible]、[illegible]、[illegible]、[illegible]、[illegible]、[illegible]、[illegible]。

尸 部

尸 象形字。甲骨文像跽坐之人。古代祭悼时，让活人坐在祭位上，以代表死者，接受人们的吊唁。后来用牌位或画像代替，不再用人作“尸”。金文、篆文。楷书“屍”，以明确“尸”是个“死”掉的人。后“屍”行而“尸”废。汉字简化时，借古体字“尸”替代“屍”。

“尸体”是不能动的，也指一无所用，所以古文中常以“尸”比喻无用之人，如“尸位”（如尸之居位，只受享祭而不做事）。古时，“尸”是活人，“屍”表死人，“屍”简化“尸”后，死活常常让人不分。

戸 xián　义不详。

⿸尸丨 jíe　义不详。

⿸尸子 同孕。

⿸尸孖 同犀。

⿱⿸尸子⿰⿸尸子⿸尸子 同孱。多次怀孕生子，母亲身体自然孱弱。

⿸尸目 同眉。地名用字。

⿱屓⿰屓屓 同屓（屃）。

己（巳）部

己　象形字。己是纪的本字。甲骨文、像绳子缠绕的样子。本义在绳子上系圈、打结，用以记数和记事。当“己”本义消失后，篆文加“丝”另造“纪”。“己”主要用作“自己”“姓”以及天干的第六位。

㠱　hàn　义不详。

[illegible]　jì　义不详。

巳　象形字。甲骨文字形，本义为胎儿。巳借作地支第六位（己借作天干第六位，是人为还是天意，不得而知）。

[illegible]　同巸（頤）。

[illegible]　jì　义不详。

巴 象形字。篆文像张着大嘴的蛇形。引申紧贴着、粘着等义。

吧 同吧。

㔾 bā 鬼神名。

弓 部

弓 象形字。甲骨文[illegible]，金文[illegible]，篆文[illegible]，楷书“弓”。因为“弓”是弯曲的，所以“弯腰”也称之为“弓腰”。由于“弓”尺度有标准，因而古人常用弓丈量距离，所以后来也就将丈量工具称为“弓”。在汉字中，“弓”部首内汉字大都与“弓”本义有关。但也有些字是取“弓”的音作声符，如“穹”等。

弜 jiàng 1. 强。2. 弓偏。

㢧 㢧的讹字。㢧（xián），草木花繁盛。

同州。

弜同乃。

㢧同纠或卷。

弱 篆文像两缕柔软弯曲飘动的缨穗形。纤细柔软引申出弱小、强弱等义来。

异体字：弱、𦫵、弜、弱。

弜 同吧。

弱 同弱。

子 部

子 象形字。甲骨文像裹在襁褓里婴儿，露出脑袋，张开两臂。金文，篆文。隶书略有变形。古代对男子的美称或尊称均可称子，如“孔子、孟子、墨子、庄子、荀子、韩非子”等。五等爵位（公、侯、伯、子、男）的第四位为子。

孖（一）zī　1. 双生子。2. 双。3. 同滋。滋长。（二）mā　方言。谓相连成对。

⿲子子子（一）nǐ　1. 同孴（①繁盛的样子。②戢孴，指众多的样子。③聚集）。2. 前。（二）同进。

孨（一）zhuǎn　1. 弱，后作孱。2. 懦弱，谨小慎微。3. 孤儿。4. 孤单可怜。（二）同孴（有nǐ、nì、yì三个读音，此处读nì）。

⿱孖孖jí　义不详。音同吉，大概有多子多福的期盼。

享象形字。甲骨文像祭祖的庙宇。由供奉引申指贡献，自然接受方就得到享受。

⿰享享同鹑（鹌鹑）。

屮（𡳾）部

屮（一）同之。（二）同只。

guì 义不详。

圥 （一）同先。（二）lù　地蕈（xùn），指真菌，生长在树林里或草地上。

⿱圥⿰圥圥 同圥。

⿱⿰圥圥⿰圥圥 同圥。

⿰屰屰 jué　义不详。

女　部

女 象形字。甲骨文像一个交叠着双臂跪坐的女人。金文，篆文，隶书。

奻 nuán　1.争吵。2.愚。此字颇具性别歧视，应废。

㚣 同姣。㚣与奻，都是二女组合，但却有着天壤之别。

姦(奸) 1. 淫乱；私通。2. 狡诈；邪恶。3. 私；非法。4. 盗窃。5. 伪。6. 外乱。7. 通干（gān）。干犯；干扰。

2010 年 1 月，一篇题为《16 汉字之错：既不尊重女性，又误导儿童人生观》的文章出现于多家网站的讨论区。作者叶满天律师提出，有 16 个汉字歧视女性，应该加以改造，引起网友争议。16 个汉字分别为：娱、耍、婪、嫉、妒、嫌、佞、妄、妖、奴、妓、娼、奸、姘、婊和嫖。他认为，这 16 个字，“均具有一定的贬义，让儿童在学习的过程中，让普通人在书写或阅读的过程中，从视觉上觉得这 16 个字与女性性别有根本的联系，无形中降低了他们对女性的评价”。

由此，他建议改造这些字，并举例说：“嫖”，建议更改为“㑦”，从字面上就可以看出是两个人做了社会不允许、不认可的事，相信每一个看到的人都会受到一次无形的教育，将来会有效地减少这种行为。建议“奸”改为“犴”，可以向所有人表明“犴”是一种兽行。

䶒 jiāo 义不详。

飞（飛）部

飛（飞）象形字。籀文字形𩙿，篆文飛突出了鸟儿的翔羽。本义鸟儿振翅飞翔。隶书飛。正体楷书飛承续隶书字形。俗体楷书飞采用籀文字形飞（省去其中一羽）。“飛”根据飞简化为“飞”。“翱、翔、翻、翩”是对“飞”不同姿态的具体描绘。

飞的异体字：飛。

飝 同飞。

马（馬）部

馬（马）象形字。甲骨文马，金文马，籀文马，篆文馬，隶书馬。俗体楷书马是依据草书马将正体楷书馬的“四点底”（四蹄）简化成一横。

騳（驺）dú 1. 马跑。2. 两马并驰声。两匹马并着跑发出的声音。

騳（一）où　奔驰不齐。（二）dú　同騳。

驫 同骋。

驫（骉）（一）biāo　众马奔驰貌。（二）piāo　驫驫水也作驫水。古水名。

幺　部

幺 象形字。甲骨文字形 8，是“丝”的初文。由细丝引申出“细小”再引申出“幼小”的意思来，如“幺妹、幺叔”等。又用作色（shǎi）子或骨牌里的一点，如麻将中一条俗称为“幺鸡”。如今，在科技、教学、军事等领域读到“1”时，常用“幺”来替代，如“洞幺洞幺”（0101）。“幺”古同“糸”（纟、糹），现两者早已“分道扬镳”。

幽（一）yōu　1. 微细；微小。2. 隐暗不明。3. 微妙。（二）zī　同兹。

幺 音义不详。

𢆶 同𢆶。微小。

𢆲 jí　义不详。

𢆴 yà　义不详。

𢆻 同褳（裢）、縺（𬘘）、聯（联）。

㡭 同绝。

异体字：𢇍、𢇎。

𢇎 同绝。

幽 会意兼形声字。甲骨文𢆶从𢆶（丝，细微）从火（火苗），比喻火光极为微弱。金文幽将火苗写成形状与“山”相似的山、山。篆文幽承续金文字形，并将[glyph]写成标准的[glyph]。如今，人们见“幽”自然会想到大山深处十分幽静，此说也能讲得通。错误有时也有意外收获。幽默一词，是林语堂翻译 humour 时借用的。

𢆶𢆶 chǐ　疑同齒（齿）。一说同幽。深，隐。

巛　部

巢 象形字。甲骨文、金文大致相同。[glyph]从[glyph]（像鸟窝）从[glyph]（木）。本义鸟窝。篆文[glyph]误将金文的鸟窝形状[glyph]写成[glyph]。楷书写作巢，上巛为三只（表多）小鸟。

巢巢 jiǎo　义不详。

王（玉）部

王 象形字。甲骨文[glyph]，本义是指特大的战斧（无柄），借指战场上所向无敌的统帅。金文[glyph]

淡化斧子的形象，有的说三横从上至下表示“天，人，地”，中间一竖贯通。“王”是具备“天、地、人”协调一致的人。篆文、楷书“王”模样差不多。由“王”大斧子的形象，引申出最高统治者称“王”或“帝王”。到了战国时期，列国国君皆称“王”。秦朝改称皇帝，而“王”则成为封爵的最高一级，如诸侯王、藩王、亲王等。太平天国时期，洪秀全造皇帝反，自称“天王”。“王”表大之义也用于我们生活之中，如“王莲”。

玨 jué　二玉相合为一玨。珏，同玨。

𤣩 同圣。

玊 sù　1. 有疵点的玉。2. 琢玉的工人。3. 姓。

玨 同珏。

𤩲 zhēng　义不详。

𩮯 cuò　义不详。

玉 甲骨文丰像一根丝绳串着数片宝石薄片，丝绳上端为绳结↓。金文王省去上下两端的线头，字形与君王的“王”字相似。篆文王。隶书玉在“王”字上加一点指事符号，变成指事字，以区别于“君王”之“王”。

玨 同珏。

𤩲 疑同瑶。台湾人名用字。

𤫉 同瑶。

木　部

木 象形字。甲骨文木，几千年变化甚微。

林 1. 成片的竹、木。如：森林、竹林、防风林。2. 聚在一起的同类的人或事物，如儒林、艺林、碑林。3. 林业。4. 姓。

𣏟 pài　1. 麻纻。2. 加工麻。

森 1. 树木高耸繁密貌。2. 众多；众盛。3. 阴森幽暗貌。4. 姓。

禁 jìn　承樽的几案。

𣛧 guà 或 yàn，人名、地名用字。

𣡕 yàn　义不详。

𣡽 shā　义不详。

呆 会意字。古文**𥝤**（人背负孩子图），与保同义。后来呆独立出来，表示孩子呆头呆脑的样子。

槑 同梅。近些年，随着网络普及，将一些尘封许久的汉字从故纸堆中救活了，如槑、囧、烎、兲（天）等。

某 同铧（huá 指犁铧）。

𣡽 同無（无）。

無的异体字：𣞤。

棗 同枣。

東（东） 前人认为東从木（扶桑）从日，会太阳升起地方是东方。当代学者根据最新发掘的实物资料研究，觉得東没有太阳什么事，有的说東就是一个麻袋两头被捆扎之形。

𣛚 （一）cáo 同曹。周匝，一周天。（二）zāo 日出明。

𣛚 同𣛚。

𣘻 疑同轟（轰）。地名用字。

果 象形字。甲骨文像树上硕果累累。引申义不说也明。

⿰果果 chuǎ 树分叉。

⿱果⿰果果 同⿰果果。

⿱⿰果果⿰果果 hū 义不详。

犬 部

犬 象形字。金文 、篆文 。古时“犬”大“狗”小，现“犬”与“狗”没有区分了。古时，用“犬”组成的词大都为卑称。“犬马”是臣子对君上的自卑之称，如“愿效犬马之劳”。“犬马之齿”是指自己的年龄。过去，“犬子”是社交场合父亲称呼儿子的谦辞。现在“犬”常用于书面语言，且偏向尊称，如警犬、军犬；“狗”常用于口头语言，往往是骂人，如“狗东西”。

犾 yín 1. 两犬相咬。2. 犬相吠。3. 语言粗野貌。

猋 biāo 1. 犬奔貌；群犬奔貌。2. 奔跑；急速前去。3. 暴风；旋风。4. 草名。5. 贝名。

歹 部

歹 歹与歺本是一字，指残骨。

殏 （一）chuǎn　同歼（舛）。（二）bù　同布。商代货币用字。

𣨼 同州。

车（車）部

車（车） 象形字。甲骨文[illegible]下方为两个轮子[illegible]，上方[illegible]表示保护性的设备，人在其中可以免受攻击。“车”本义为战车，后用于乘坐或载物的车子都叫“车”。金文[illegible]、[illegible]、[illegible]，篆文[illegible]，草书[illegible]，俗体楷书[illegible]。楷书写作車，简化字为车。象棋中“车”读作拘。

輤 輤（yìn）的讹字。古车名。

轟(轰) 1.象声词。(1)群车声。(2)巨大的声响。2.雷击；炮击。3.震动；震荡。4.喝赶。5.笑闹；狂放。

轟轟 kē 义不详。音同磕，车轮滚滚该是死磕敌人。

輚 同车。

牙 部

牙 金文[古文字]、[古文字]像上下交错的臼齿。楷书[古文字]。牙本义为位于哺乳动物齿弓的最后端，俗称大牙。古人称口腔前部上下相对的两排咬嚼器官为齿，又称门（口腔大门也），俗称门牙或板牙。可惜，后人将牙与齿混为一体，让人有点“咬牙切齿”。

由于齿（门牙）常以并列整齐的形象出现，因而齿有并列之义，引申为同类，如齿列；不齿于人类。“不齿于”就是指不能与人类并列在一起，换言之只能与禽兽为伍了。“不齿于”万万不可写成“不耻于”，否则就有点“恬不知耻”。早期“齿”专指门牙，这可从“唇亡齿寒、唇齿相依、唇红齿白”中找到佐证，因而“唇亡齿寒”不可以写作“唇亡牙寒”。古代军队的大旗边沿常作牙齿状，这样做既便于随风猎猎抖动，又象征撕咬敌军的强大气势，所以这种旗帜称之为牙旗。衙门本作牙门（令人恐惧），暗指牙门是唇枪舌剑的地方。由于牙门常处于交通要道，于是衙（从行从吾，行表道路，吾表声）门兴起而牙门渐灭。内乡县衙，国家4A级文化旅游景区，位于河南省南阳市内乡县城东大街（见图）。

犽 同牙。

戈 部

戈 象形字。甲骨文由（干）（手）组成，表示手握戈柄。本义为有钩刃的长柄兵器。有的甲骨文将写成。金文、，篆文，隶书。无锋的树杈为干，有刃的称之为戈。殳（读作书），多用竹或木制成，有棱无刃。

戔（戋）jiān　少；细微。

𢦷 音义不详。其实看看字形，你懂的。

或 会意字。甲骨文从（戈）从（口，城邑），会军队持戈守卫城池之意。金文，表示四边有护墙的城邑。有的金文将四边护墙省略，只保留一个底边，代表和平安宁。篆文。当“或”为引申义所用时，再加“土”另造“域”代替。当“域”又被引申义广泛使用后，再加“口”另造“國”替代。“或”现在主要用于副词、连词、代词等。

𢧢 同誖（悖）。

誖的异体字：㦭、𢧢、𢧢。

𧢦 同勇。

𧤏 bì　同觱（觱）。觱沸，泉水涌出貌。

𧢦与𧤏中“角”写法存在差异。

比 部

匕

象形字。甲骨文 𠤎，文字学家通常认为匕有四种含义：一是勺子；二是人形；三是兽足；四是雌性符号，或指雌性生殖器。

比

甲骨文𠤎𠤎，像两个人并肩而立。金文𠤎𠤎，篆文𠤎𠤎，隶书比。本义为并列，引申相近，再引申指比较，由比较引申出比喻等义来。凡由比组成的字大都有靠近、缜密之义。

异体字：夶、𣬅、毞、𠨍。

㠯

能的简化字，现被淘汰，再有天大能耐也无“用武之地”。

毞

芘的讹字。芘：1. bǐ 有机化合物，可用来制合成树脂和染料等。2. pí 芘芣（fú），古书上指锦葵。锦葵，二年或多年生草本植物，为园艺栽培品，供观赏。

止　部

止 象形字。甲骨文𣥂是一只脚掌剪影，以三趾代五趾。金文止变形较大，文字规整化，突出三趾叉开的形状。篆文止承续金文字形。止本义就是足。由足停下不动，引申出停止、止步，后来止的引申义越来越多，先人只好另造“趾”分担“止”的压力。

𣥜 同歧。

𣥠 同癶（bó　作部首时读登字头）。小篆𣥠像两只脚相背分开的样子。楷书写作癶。本义表示行走。

𣥧 同走。

𣥩 同踏。

𣥪 同步。

步 甲骨文 两只脚向前。左右脚各迈一次称步，只出一次脚称作跬。不积跬步无以至千里。

步下方不是少，要是少就可能是六趾了。不过，《汉语大字典》《中华字海》中有步的身影，步是步的讹字。

歮 同涩。

𣦃 同涩。

𣥒 同诸。

𣥂 同涩。

歰 （一）同涩。1. 不滑润；滞涩。2. 味苦；涩口。3. 口吃或语言文字不流利，不通畅。4. 不通畅；不调畅。（二）shà　同翣。古代出殡时棺上的羽饰，垂于棺的两旁。

𣥄 同走。夭为甩开双臂的人，𣥄实乃大步流星。

奀 同走。

𨇩 同𤼲，𤼲同𡘜（奔）。

日　部

日 象形字。甲骨文⊖，其后变化不大，本义指太阳。

昍 xuān　明。

冒 同昌。

昌 上从日，下从曰，会光明正大的美言之意。今天昌主要用于昌盛、昌明。遥想当年，曹操挟天子以令诸侯，迁都许昌。汉献帝虽在，但实权却握在曹操手中，仿佛天有二日，国有二君。因此，时人将许昌附会为“二日”，其义不说也明。

晿 chāng　人名用字。

晶 1. 光亮。2. 明净。3. 水晶的简称。一种矿石，古又名水玉、石英。4. 晶体。如：结晶；单晶硅。5. 姓。

畾 liù 义不详。

𣊫 liù 义不详。

旦 同昏。太阳被一横罩住，昏天黑地。

丽 lì 义不详。

旱 会意兼形声字。篆文从日从干（抵挡，兼表声），用太阳难以挡住，会久晴不雨之意。

𣇄 音不详。人名用字。《宋史·宗室世系表二》有赵希𣇄。

昔 会意字。甲骨文 [古文字] 上像洪水下为太阳，会远古时代常被洪水困扰之意。金文 [古文字]，篆文 [古文字]，隶书 [古文字]。

䎷 鞱（舄）的讹字。舄，读 xì，义为：1. 鞋。2. 同潟（盐水浸渍的土地）。3. 姓。

明 会意字。有的甲骨文，日月明也；有的甲骨文从月从囧（窗）。不管咋变，都指明亮。

[illegible] （一）同朤（朗）。（二）同照。

易 会意字。甲骨文像将一个器皿中的酒水倒进另一个器皿，易手就是取其本义。易引申指给予，自然就是赐，有专家说易是赐的本字。

[illegible] 同從（从）。

春 会意兼形声字。甲骨文从日从（草）从屯（草木萌发，兼表声），会大地回暖草木发芽吐绿之意。金文。篆文将金文的写成。隶书字形与篆文相同。有的隶书写作。

[illegible] chún　客家谚语用字。

[illegible] chún　义不详。

贝（貝）部

貝（贝）象形字。甲骨文[古文字]像张开的蛤贝形。金文[古文字]，篆文[古文字]，楷书貝，俗体楷书贝依据貝的草书字形[草书]而来。贝壳因外壳美观、经久、难得（古时中原地区远离海洋），遂作为原始货币。贝部首内汉字大都与金钱财富有关。但由于古文字中贝与鼎形近，楷书里有些从贝的字实际是由鼎演变而来的，如则。

賏（则则）yīng　颈饰。颈项上的装饰物。

贔（赑）bì　1.贔屓（赑屃），也作贔屭。后也单用为贔。（1）壮猛有力貌。（2）蠵龟（xī guī　海龟，身体长约一米，四肢呈桨状，吃鱼虾等）的别名。2.巨大；壮猛。3.怒，怒而作气之貌。（传说龙生九子，其中之一

赑屃驮碑

为赑屃，力大，能负重。旧时石碑底座多由赑屃担当）。

异体字：赑、赑、赑。

負（负）金文 从 （人）从 （货币），会背靠货币就有了依靠之意。如担负，负担，负重是从本义而得。

䞒 同愿。

异体字：䞒、䞒。

譶 同誩（jìng　义为争论）。

水（氵）部

水 象形字。甲骨文 ，金文 ，篆文 ，隶书 。水字无须赘言，要不然你会说作者没水平了。

沝（一）zhuǐ　二水。一说同水。（二）zǐ　滩碛相凑之处。长江有地名石桅沝、折桅沝。

汖 同沝。

⿰水氷 义不详。

⿰木氷右侧比水多一小点。

⿰氵水 同溺。⿰氵水左为部首（氵）右为水，非常有趣。同样类型的汉字还有：抙、仦、銓、刅、障、邑阝、耶、犾、忛、标、袮、笷。

渁 同渊。

⿲水水水 （一）同涉。（二）máng　义不详。

淼 同渺。大水辽远无际貌。

淼本为渺的异体字，《通用规范汉字表》确认淼为规范字，只用于人名、地名。浩渺不可写作浩淼。

㵘 màn　水大。音同漫，㵘能不漫过堤坝吗？

泉 象形字。甲骨文从（泉眼）从。篆文、隶书。上古称钱币为泉，取其源源不断之义。

灥 （一）xún　三泉；众流。济南趵突泉可作为灥形象大使。（二）quán　同泉。水源。（三）quàn　下雨而泉水出。

济南趵突泉

𤂧 chéng　义不详。

见（見）部

見（见） 象形字。甲骨文𠂤从𠕀（目）从𠃌（人），本义为看见。金文𧠨，篆文𧠨，楷书为見。由本义引申出接见、会见，再引申出见解、见识。“见”还通“现”，如“图穷匕首见”。在古代“视”与“见”含义不同。“视”表示看的动作，“见”表示看的结果，如“视而不见”。

覞（𬢃） yào　两人相对而视。

𧢄 音义不详。

牛（牜）部

牛 象形字。甲骨文[古文字形]像牛头部的线描。金文[古文字形]，篆文[古文字形]，隶书[古文字形]。（参见193页“半”）

牪 yàn 古文友、群。

犇 guǐ 牛。

犇 bēn 1. 牛惊走。2. 同犇（奔）。奔跑。

犇是奔的异体字，《通用规范汉字表》确认犇为规范字，只用于姓氏人名。奔腾不可写作犇腾。

𤛎 qún 四牛为多，根据读音疑为“群”的俗字。

电影《牧马人》是根据张贤亮小说《灵与肉》改编，谢晋导演，由朱时茂、丛姗主演，片中男配角郭蝙子由牛犇（左）扮演。

[illegible] 同豢。豢，huàn。豢养，指喂养牲畜，比喻收买并利用。

手（扌）部

手 象形字。金文 像五指伸开的样子。篆文 ，隶书 。楷书中的“手”已看不出手本来的模样了。

𢪙 同廾（gǒng　义为共或拱），即双手捧。

[illegible] 同𢪙。

[illegible] 同捊。捊：（一）pōu　用手捧。（二）póu，义聚集。（三）fū　义击。

掱 pá 俗称小偷为三只手，因而写作扒手，也写作掱手，推荐用词为扒手。

[illegible] 同拜。

毛 部

毛 象形字。金文像毛、发。篆文。毛本义为人、兽之毛。

𣬛 同氀。氀：（一）lǘ　毡类毛织品。（二）shū　（又读yú）同毹。（三）dōu　氀毼(dā)本为少数民族服名，后指人资性愚陋。

毳 cuì　鸟兽的细毛；绒毛。

皛饭与毳饭

宋朝的刘攽（bān，义为发给、分给）与苏东坡互请对方吃皛（xiǎo）饭与毳（cuì）饭的故事，从中可以看出两人绝对是善于拆字的高手。

苏东坡是一位不折不扣的美食家，东坡肉就源于其手。

有一次，苏东坡与好友刘攽聊天，他说：“我与舍弟（苏辙）寒窗苦读时，差不多每天都享用‘三白饭’，吃起来香喷喷的。”

刘攽动了好奇心，他问苏东坡，“三白饭”是哪些食材？苏东坡如实相告：一撮白盐、一碟白萝卜、一小碗白米饭。刘攽闻言大笑不已。

不久，刘攽致信给苏东坡，邀请他来家里吃顿“皛饭”。苏东坡不清楚“皛饭”是啥玩意，但心里知道刘攽是有意报复。虽说有思想准备，但到刘攽府上一瞅餐桌上只有白盐末、白萝卜和白米饭，这才恍然大悟。“皛”字由三个“白”字组成，皛饭就是三白饭啊！

有道是“来而不往非礼也”。第二天，苏东坡摆了一桌“毳饭”，邀刘攽到府上一聚。刘攽知道东坡肯定使了坏招，不过左想右想，也想不出“毳饭”是啥东西。好奇心引导着他如期而至。

两人谈古论今，茶水喝完了好几壶，刘攽早已饥肠辘辘，却迟迟没见半点食物的影子。刘攽万般无奈之下只好直奔主题：“我的肚子都饿得前肚皮贴后脊梁了，‘毳饭’在哪？”

几次三番，刘攽的脸上呈现愠色。苏东坡这才揭开谜底：“盐也毛，萝卜也毛，饭也毛，这顿饭不是‘毳饭’是什么？”

在宋代，“毛”与“冇”谐音，意思是“无”，“毳饭”就是“三毛（冇）饭”。

言到此，苏东坡让家人摆上一桌早已备好的美味佳肴，搬出一坛家酿好酒，主客大快朵颐一番。

片 部

片 象形字。爿、片本为一个字，后分化。甲骨文时代，字的正反向是不固定的。甲骨文𠁣，像筑墙用的板。篆文片，分化为片和爿。爿专指墙和床，而片专用于筑墙用的板。由板，片引申泛指平而薄的东西，如竹片、瓦片、纸片、唱片、名片等。由于片引申义太多，本义只好另造版来代替。

牑 zhé　义为版。

𤕰 同牑。

𤖨 同卯。

𤗼 同渊。

斤 部

斤 象形字。甲骨文是长柄尖锐的锛斧侧影。金文，篆文，隶书，楷书斤。

斤是古代一种兵器。古代以斧断金为釿，即一砍为一斤，后遂借为量词，成为市制重量单位。又借作昕，连用作“斤斤”，指明察。引申指过分，如斤斤计较。由于斤被引申义所用，于是本义只好另造斧、锛来表示。有专家认为，斤与斧的区别是，横刃为斤（即锛），纵刃为斧（即木工所用的斧头）。横刃即斧刃与安装柄垂直，平行为纵刃。“运斤成风”中的斤就是指斧头。

锛

斦（一）yín　二斤。（二）zhì　砧；铡刀垫座。

爪（爫）部

爪 象形字。甲骨文是张手抓握的样子。金文画出了指甲，突出抓挠。篆文。爪本义消失后，篆文另造“抓”代替。因而，爪是抓的本字。古文字学家段玉裁曰：“仰手曰掌，覆手曰爪。”爪有两读：一读 zhǎo，指动物的趾甲、鸟兽的脚，还用作姓。常用词有爪牙。二读 zhuǎ，用于口语，如爪子。

爪爪 同瓜（yǔ　瓜多而根蔓弱）。

𤓰 shuǎ　义不详。

妥 甲骨文从（女）从（又，手，表示抓），本义男子压制女子，使之妥协。

𡣕 sǒu　义不详。

月 部

月 象形字。甲骨文一在半圆形中加一指事符号。古人以半圆代表月亮，以圆代表太阳。甲骨文二。金文承续甲骨文一。篆文承续甲骨文二。隶书进一步变形，失去半圆形象。

朋 1. 古代货币单位。五贝为一朋。一说两贝为一朋。又说五贝为一系，二系为一朋。2. 朋友。3. 结党。4. 伦比：硕大无朋。5. 姓。

朙 同晶。

朤 同朗。

欠 部

欠 象形字。甲骨文像一个人张大嘴巴。本义就是人张口出气打哈欠之形。篆文。由于打哈欠往往张臂伸腰，故引申指身体微微向前或向上起动，如欠身施礼。欠身属于身体不直不弯，故又引申指不足，如欠缺、欠佳、亏欠等。

欥（一）qīn 打喷嚏。（二）kēng 义为咳。

㱁同欠。

次象形兼会意兼形声字。甲骨文像人张口连连打喷嚏形。隶变后楷书写作次。由打喷嚏引申出放纵，此义后另加义符心写作恣。次现在主要用作次序等义。

㳄音不详。地名用字。

风（風）部

風（风）象形字。甲骨文从（凤鸟）从（凡，表声）。由于风难以表现，于是古人借凤飞众鸟相随形成的空气流动代表风。篆文一，上从鸟下从虫，古人认为风动虫生，表示風。篆文二从鸟从凡，表示鳳。也就是风与凤古时相通，后来有了明确分工。风现在意义是指：跟地面大致平行的空气流动的现象，是由于气压分布不均匀而产生的。引申指像风一样能流动传播的影响广大的教化、习俗，如风俗、风气、民风。引申指节操、姿态、态度，如风度、风姿、风范、风采、风格。

⿰風風（一）xiāng 风声。（二）qiǎng 乱风。

飍（⿱风⿰风风）xiū 1. 惊奔貌。2. 风。3. 大风起貌。

⿱⿰風風⿰風風 hōu 义为风。

火 部

火 象形字。甲骨文字形、，火焰升腾形。金文，篆文。

炏（一）kài 同炫（1. 炽。2. 盛）。（二）同炎。

炎 1. 极热（指天气）。2. 炎症。3. 权势，如“趋炎附势”。4. 指炎帝。

焱 yàn　1. 火花；火焰。2. 姓。

燚 tán　义为炎。

𤆍 音义不详。

𤓯 yì　1. 火貌。2. 人名用字。

炏 sè　义为山。

𤎖 音义不详。

炙 会意字。金文从火从月（肉）。本义烤肉。篆文，楷书炙。脍是指切得很细的肉，炙是烤熟的肉，于是脍炙人口令世人代代相传。

𤋇 xián　汤爚肉。爚（yuè）：1. 火光。2. 照，照耀。3. 煮。

𤇾 同业。

业的异体字：𤇾、𤇾、𤇾。

⿱臾臾 同吾。

户 部

户 象形字。甲骨文像一块有转轴的木板，是（门）的一半。篆文，楷书。户本义为单扇门（含护卫的意思）。户口指家庭与人口。凡从户的汉字大都与门户有关，也有一些从户得声，如沪、庐、妒。

戼 mǎo 开门。

异体字：戼、丣。

⿱户户 yì 义不详。

⿱户⿱户户 xū 义不详。

⿱⿰户户⿰户户 同灵。眼睛是心灵的窗户也许来源于此。

启（啟）象形兼会意字。甲骨文从（又，手）从（户），会将门打开之意。有的甲骨文从（开门）从（口，说教），通过说教达到启发的目的。金文将用手开门换成用棍敲门（敲打也暗指过去启发教育时常采用棍棒法）。篆文、。楷书分别写作启、啟。如今规范用启。启由打开门，引申出打开物件的字义。如启瓶盖子。启引申出开始，如启程、启用。

[illegible] 同灵。

异体字：[illegible]。

心 部

心 象形字。甲骨文、金文像人心脏线描图案。篆文。早期隶书，晚期隶书。楷书心。

[illegible] 同反。两心相对为反，值得揣摩、反思。

惢 （一）suǒ　1. 心疑；疑虑。2. 善。（二）ruǐ　1. 花蕊。2. 沮丧貌。3. 古代祭祀名。

母 部

母 象形字。甲骨文𡚧在女（女）的胸部加两点指事符号，表示妇女因生育而乳房丰满。金文中，篆文𡴀，隶书母。

母、娘、妈的区别。母为自古传下来的基本词，如今仍常用于书面语言。娘本义为少女（姑娘），中古在方言里才表示母亲，如今仍多用于方言。妈是根据母的口语音变而在古白话文中出现的，如今常用于口语。

毌毌 同蹯（fán　义为兽足）。

示（礻）部

示 象形字。甲骨文丅上面一横代表天，一竖代表朝天的方向。有的甲骨文𠄟最上面短横表示祭物。有的甲骨文示下面为支撑物，上面为祭台及祭物。篆文示。现在常指把事物摆出来或指出使人知道，如表示。

祘 同筭（算）。祘是算的异体字。在第二次汉字简化时，曾将算简化为祘。

甘 部

某 会意字。金文𣐺从甘（甘）从木（木），本义指一种酸甜混合的果子。籀文槑（楷书写作槑，是梅的异体字）。篆文某，楷书某。某是梅的本字。某后来被借为代词，指代不确定的人或事物，如某天。也可指确定的人，如王某、刘某阳。

䗋 同槑（梅）。

䗋字左下与右下不同。

石 部

石 象形字。甲骨文𠂰从厂（厂，山崖）从口（石块）。金文石、篆文石。石头实而沉，故借用为量词。古代读作 shí，因有些地区一石重量也叫一担，后石遂读作担。石是个部首字，凡从石的字大都与石头、坚硬、坚固有关。

砳 lè 象声词。石头撞击声。

砳砳，2014年南京青奥会吉祥物，象征着南京青奥会在青年奥林匹克运动的探索中奋勇前行，打造青奥会的“南京模式”，为全世界的青少年带来惊喜与快乐。

设计理念：青奥会吉祥物以雨花石为创意源泉。雨花石形态绮丽，浑然天成，象征着大自然的力量，传递的是一种“亲近自然、回归自然”的精神。作为一种古老的观赏石，它在中国乃至世界有很高的知名度，被誉为“天赐国宝”。选用雨花石作为吉祥物可以向世界展示南京作为现代化国际性人文绿都“亲近自然、绿色发展”的独特魅力，并与青奥会“在全球青少年中倡导自然、健康生活方式”的主张高度契合。

磊 1. 众石累积貌。2. 垒；堆砌。3. 大貌。

䂲 同磊。

龙（龍）部

龍（龙）象形字。甲骨文、金文均像传说中的龙形。篆文文字化，隶书龍，楷书龍。依据草书字形楷化成龙。龙部首内的字大都与龙或大有关，龙在合体字中主要表音。龙钟是叠韵联绵词，不可拆分，指衰老的样子，如老态龙钟。

龖（龖）dá　1. 龙飞之状。2. 二龙。

龘 dá　龙腾飞的样子。

𪚥 zhé　唠唠叨叨，话多。𪚥笔画数为64，中国汉字笔画数之最。

目　部

目 象形字。甲骨文、金文像人的眼睛。篆文。目从名词引申为动词，如看。由眼睛引申为眼孔一类物品，如“纲举目张”中“纲”指渔网上的大绳，“目”指网眼。由网的纲目，引申出从大项中分出的小项，如项目、要目、条目。由“要目”引申指事物名称，如名目、题目（像一本书或一篇文章的眼睛）、目录等。目标、目的，都是由眼睛所察引申而来。

目与眼的异同。上古，目指整个眼睛；眼指瞪视，用作名词，也只指眼珠，不包括眼眶。如今二字通用，只是目不单说，用在合成词里，如目不识丁。眼可单说，如她的眼好漂亮。

䀠 jù 同瞿。左右惊视。

𥃩 mié 义为眼睛小。

䀢 mò 1. 美目。2. 美的样子。3. 目深。

𥃫 同瞢（méng 目不明）。

𥄏 yīng 义不详。张涌泉《汉语俗字丛考》：𥄏，疑为罂（罂）的讹俗字。

田 部

田 象形字。甲骨文田像分割后的田块形。金文田，篆文田。作为佛教用语，指生长之义，如心田。如今又表示蕴藏矿物的地带，如煤田，油田。田部首内汉字大都与田地或耕种有关。

畕 同畺（疆）。

畾 léi 1. 同靁（雷）。2. 田间；田间的土地。3. 同壨（垒）。筑土为营垒。4. 古时盛土器，也写作虆。

𤳳 （一）léi 同靁（雷）。（二）huǐ 人名用字。仲𤳳即仲虺，商汤的左相。

申 象形字。甲骨文申像闪电，申是电的本字。由本义引申指伸展、延长，再引申为申诉、申请等。

𤱶 同𤱶（申）。

串中间一竖上下贯通，而𤱶中间一竖断开。

𪚰 shēn　台湾人名用字。

男 会意字。甲骨文[古文字]从[古文字]（田）从[古文字]（耒，工具），本义指能从事体力劳动的男人。金文[古文字]，篆文[古文字]。又指古代爵位（公、侯、伯、子、男）的第五等。以男作义符的字有：甥、舅。

嬲 （一）luán　同孪。（二）niǎo　同嬲。戏弄；纠缠。

𨹸 nào　义不详。

甲 象形字。甲骨文十像成熟果实裂开的外壳形，后为了与十区别，甲骨文另加外壳[古文字]。由本义引申指一切事物的外壳，包括盔甲。后借作天干（甲、乙、丙、丁、戊、己、庚、辛、壬、癸）第一位，于是甲就有了第一的美称，如桂林山水甲天下。

𤳳 chà　雪中行。

𤳹 cā　义不详。

畐 会意字。畐与福同源。甲骨文[古文字]从[古文字]（示，祭祀）从[古文字]（又，手，表示巫师的动作）从[古文字]（酉，酒坛）从[古文字]（双手，表示捧酒献祭），整字会巫师用美酒祭祀祈祷之意。

有人说，畐指一口人拥有一块田地，那是想当然的事，说说可以，但不可信。

畾 （一）fù　同副。居第二位的；次要的。（二）pì　多；密。

禺 象形字。金文[古文字]从[古文字]（鬼头）从[古文字]（手），整字像突出头部的行动蠢笨的大猩猩。引申指愚蠢。当禺本义消失后，再加人另造偶、加心另造愚代替。

䦜 同䦜（huò　义不详）。

哥 kē　台湾人名用字。

畾 同雷。

雷的异体字：靁、䨻、靊。

罒 部

罒 象形字。甲骨文[甲骨文字形]像张开的大网。网作部首时为罒，读作四字头、扁四头。

[罒罒] 音义不详。

[罒罒罒] 同晶。

罘 同军。

[罒奰] 同奰（bì 1. 不醉而怒。2. 壮大。3. 迫）。

皿 部

盖 会意兼形声字。篆文从艸从盍（覆，兼表声）会意。本义就是草编的苫等覆蔽物。

[盖盖盖] kǎi 义不详。

生 部

生 象形字。甲骨文⊻从⊻（新芽）从一（地面），像地上生出草木形。金文⊻，篆文⊻，隶书⊻。生部首内汉字大都与出生、生长有关。

甡 shēn　众多貌。

𤯳 xìng 或 shēng　义不详。

禾 部

禾 象形字。甲骨文⊻、⊻。金文⊻，篆文⊻，隶书⊻。本义为谷子，后为庄稼的泛称。谷子之义便另加声符㱿（省去口）写作穀，如今简化为谷。禾部首内汉字大都与谷物、庄稼有关。

秝 lì　1. 稀疏均匀貌。2. 同厤（日历之“历”的繁体字）。

秂 同黍。

秉 会意字。甲骨文从（禾苗）从（又，手），会手持一株禾苗之意。金文，篆文。手握一株为秉，手握两株为兼。秉有把持之义，常见于秉烛、秉笔疾书、秉公处理。

秝秉 1. 同兼。2. 同谦。3. 同秉。

秦 会意字。甲骨文从（双手持杵）从（谷穗），本义在臼中杵谷脱粒。金文。篆文下部省去一禾。隶书将篆文字形中的（双手持杵）写成。秦，也指禾名（禾麦）。古代关中地区盛产禾麦，故称其地为秦，后遂成为周代诸侯国名。有一个谜语叫半部《春秋》，打一朝代名，就是指秦（取春、秋二字各一半）。

𧃁 同國（国）。三秦为国，对大秦朝万不可小觑啊！

白 部

白 象形字。甲骨文[甲骨文字形]像一粒脱了壳的稻米之形。金文[金文字形]，篆文[篆文字形]，楷书白。本义白色。引申明亮、明白，再引申表明，即表白（白就此有了“说”的意思）。白丁，多指没有功名或没有学问的人。白部首内汉字大都与白色有关，也有从白表声，如柏、拍、泊、迫等。

皕 bái 同白。白色。

异体字：皕。

皛 （一）xiǎo 1. 明；明亮。2. 洁白。（二）pāi 拍打。（参见120页“毳”）

百 会意字。甲骨文[甲骨文字形]上边为一把尺子，下边是瓮里盛放着一粒黍米。远古时代，把一百粒黍米摆放成一条直线，这直线的长度就叫一尺。

皕 bì 义为二百。

皛 音义不详。

灥 同泉。

𪻙 同河。

𪻙 cún 义不详。
上白之下为四折，下两个之下各为三折。

瓜 部

瓜 象形字。金文像（藤蔓）上挂着（瓜果）。篆文。引申指形状像瓜的东西，如脑袋瓜。瓜食用时需要切割，于是就有了瓜分。因瓜形圆润外加皮薄瓤满，于是傻瓜就问了世。瓜部首内汉字大都与瓜有关，当然也有一些以瓜为声，如呱。

㼌 yǔ 瓜多而根蔓弱。音义同㼌。

𤬪 音义未详。

鸟（鳥）部

鳥(鸟) 象形字。甲骨文[古文字]，金文[古文字]，篆文[古文字]，隶书[古文字]。俗体楷书[古文字]依据草书字形[古文字]。古时，长尾巴鸟用鸟表示（如鹊），短尾巴鸟用隹表示（如雀），后来就不太分了，如孔雀。鸟部首内汉字大都与禽类有关，部分从鸟表声，如袅、岛。

䲾 wū 疑为烏（乌）的增旁俗字。䲾左右侧不同，左为鸟的繁体字，右为乌的繁体字。

鳥鳥 niǎo 鸟名。

鳥鳥鳥 niǎo 1. 鸟名。2. 同鳥（鸟）。

异体字：[异体字]、[异体字]。

立 部

立 指事字。甲骨文[古文字]从[古文字]（人）从[古文字]（地面），本义人站在地上。金文[古文字]，篆文[古文字]，隶书[古文字]。

二十四节气中的立春、立夏、立秋、立冬，这里的立是开始的意思。立部首内汉字大都与站立有关，也有从立表声，如泣、粒、笠等。

竝 同並（并）。

竝 lì　台湾人名、地名用字。

竒 同奇。

竒 jǐ　站得正。

竞 会意字。甲骨文像两人比赛吹奏，自然就引申出竞争等义。楷书写作競，简化字为竞。

异体字：競、兢、競、竸、誩。

競 竞的繁体字。

竟 会意字。甲骨文从人从口，会演奏乐曲终止之意。引申终了，如未竟之业。

竸 同競（竞）。

竞与竟：二字同源，后各有侧重。竞侧重角逐、比赛，如千帆竞发；竟侧重终结、完结，如有志者事竟成。

[illegible] 同供。

穴　部

空 会意兼形声字。金文从（穴）从（工，筑捣，兼表声），像人持工具开凿窑洞的画面，本义为孔洞。篆文。

[illegible] tóng　风声。

皮　部

[illegible] nàn　鞣皮革。

皺 同皱。

矛 部

矛 象形字。金文[金文字形]像带抓环的长柄武器。篆文[篆文字形]在金文基础上饰以羽毛等装饰物。楷书矛。矛部首内汉字大都与矛或刺杀的动作有关。

𥎦 同矛。

老 部

老 象形字。甲骨文[甲骨文字形]如长发老人形。有的甲骨文[甲骨文字形]像一个驼背手拄拐杖的老人。金文[金文字形]（上部[字形]像一位长发的人），下部是手杖[字形]。篆文[篆文字形]，隶书[隶书字形]。古代考、老同源，通用。

𦒱 hūn　年老；高龄。

异体字：𦒳。

𦒷 xiòng　老弱。

𦒺 wàng　义不详。

耳 部

耳 象形字。甲骨文[illegible]、[illegible]。金文[illegible]，篆文[illegible]，隶书[illegible]、[illegible]。远古战场上，士兵杀死敌人并割下左耳作为评价战绩的依据，这种行为叫取（取字中的“又”指手）。聝，异体字馘，读guó，义同取的本义。耳后来借作语气词，又通尔。古时，从自己下数至八世孙，叫耳孙（也称仍孙）。古时称六十为花甲之年、耳顺之年，是说人到六十岁，耳朵能从别人话中辨别真伪，分清是非。

聑（一）tiē　1.安适；妥帖。2.垂耳，耳朵的下端。（二）同䎲（zhé　耳竖起来的样子）。

聶（聂）姓。

聂耳（1912～1935），原名聂守信，字子义（亦作紫艺），我国人民音乐家、作曲家。1930年，聂耳从家乡云南来到上海，在“明月歌剧社”担任小提琴手。由于他琴拉得好，为人又随和，大家都很喜欢他。又因他姓聶（聂），大家都叫他“耳朵先生”。聂耳听了不但不生气，反觉得这个绰号很有意思。在他的第一首习作歌曲上，就用上了四个“耳朵”，署名为“聶耳”。1935 年，聂耳为电影《风云儿女》主题歌《义勇军进行曲》谱曲，后成为中华人民共和国国歌。

臣　部

臣 象形字。甲骨文像竖起来的一只眼睛。金文、，篆文，隶书，楷书臣。在商代，被刺瞎一只眼睛的奴隶叫臣。因而，臣本义指奴隶，竖起一只眼睛表示聆听时惊恐之状。由于战俘、奴隶、臣都是下贱之人，与君相对，后来官吏也称之为臣（相对君而言）。

臣与𦣞的区别：𦣞，读 yí，甲骨文像竖起的宽下巴形，所以本义就是下巴。下巴和嘴巴“巴结”在一起，自然𦣞和吃有关，如颐养天年。大快朵颐，就是指满嘴塞满食物，腮帮子像花朵一样鼓鼓的。

臦 wáng　义不详。

𦣠 音义不详。

臦 （一）guàng　违背。两位大臣背靠背，能不违背吗？（二）jiǒng　同囧。人名用字。

𦣝 wǎng　违背。两位大臣面对面，吹胡子瞪眼。

而　部

而 象形字。甲骨文像下巴上的长须，胡须是而的本义。金文，篆文，隶书。现主要用作连词，表示并列，相当于和，如少而精等。还用作副词、代词、介词、结构助词、语气助词等，可以说胡子眉毛都被“而”所抓。而部首内汉字大都与胡须、颊毛有关。

𦓔 （一）ér　连续。（二）xū　同需。

页（頁）部

頁（页） 象形字。甲骨文从（头）从（人），本义指人的头。金文，篆文，隶书，简化字页。

頙（颛）zhuàn 1. 皆，都。2. 见。

异体字：㔾、卯、頙、卯。

顨（𩖖）同顨（𩖖）。

至部

至 指事字。甲骨文像箭飞来落到眼前地上，表示到来。金文，篆文。当本义消失后，古人再加义符另造（到）代替。

臸 同臸。

臸（一）zhī 1. 到达。2. 如一。（二）jìn 前往。

𦤶 zhì 阻塞、窒塞。

虍（虎）部

虎 象形字。甲骨文，金文，篆文，隶书，楷书。

虤 yán　1. 虎怒。2. 虎怒的样子。

异体字：虤、[illegible]、[illegible]。

[illegible] 同贙（xuàn　1. 分别。2. 古书上说的一种似狗的野兽）。

[illegible] 音不详。地名用字。

虫　部

虫 象形字。甲骨文 [illegible]，金文 [illegible]，篆文 [illegible] 夸大蛇的头部，隶书 [illegible] 将蛇头写成 [illegible]。虫本义指蛇（古时，“它”也表蛇）。后被借用蟲的简化字。蟲，三虫会意，本为动物的通称（如古人把老虎称为大虫），后专指昆虫。于是古人再造蛇代替虫。

䖵 kūn　虫类的总称。

蟲 (一)chóng　1. 古代对一切动物的通称。如：大虫；长虫。2. 昆虫。3 虫灾。4. 喻指具有某种特点或嗜好的人。如：懒虫；网虫。5. 地名。6. 姓。（二）zhòng　虫咬。（三）tóng　蟲蟲，后作爞爞，义为热气蒸人的样子。现在蟲仅作虫的繁体字，统读 chóng。

虫 同虫。

[illegible] 𦧇（话）的讹字。

[illegible] 同[illegible]。

[illegible] 同[illegible]。

[illegible] 同昆虫之昆。

肉　部

肉 象形字。甲骨文[illegible]像一块肉。金文[illegible]，篆文[illegible]，隶书[illegible]，楷书肉。肉，引申指环状物的外体部。古代圆形有孔的钱币和玉器，孔内叫好（hào），孔外叫肉。凡玉器，孔外大于孔内一倍的叫作璧，大孔的璧叫作瑗，孔外孔内都一样的叫作环。

璧

瑗

环

在先秦时代，肉指禽兽的肉，肌指人的肉。汉代以后，肌仍然不能指禽兽的肉，而肉却能指人的肌肉了。肉作部首时，少数写作肉，绝大多数写作⺼或月。

⿱肉⿰肉肉 jīng 义不详。

舌 部

舌 象形字。甲骨文像张口伸舌的样子。金文，篆文，隶书。舌：1. 舌头。2. 像舌头的东西，如火舌。3. 铃或铎中的锤。

舔（一）tiàn（又读 tiān）同舔（舔）。吐舌头。（二）huà 同舙（话）。

异体字：䛡。

舙（一）huà 同舙（话）。三舌表多，引申为拨弄是非。（二）qì 同咠（1. 附耳私语声。2. 谗言）。

舙同话。

异体字：䛡。

竹（⺮）部

竹象形字。金文 [金文字形] 像挺立的竹子形。篆文 [篆文字形]，隶书 [隶书字形]。竹作部首时写作⺮（读作竹字头），且⺮都在汉字上方。⺮，既减少空间，又有眉开眼笑的喜庆色彩，妙哉妙哉。

竻音义未详。

䇲zhì 义不详，可从下面对子中细细品味吧。元郑采《题复古秋山对月图》：木森森兮竹䇲䇲，势巍巍兮墨灥灥。

[illegible] sè 义不详。

臼（𦥑）部

臼 象形字。金文像在形石器内壁上凿有齿状槽纹，用以舂粮时增加摩擦力。篆文，隶书。古时称掘地为臼，因此臼也指低洼处、小坑，后引申比喻形状像臼的东西，如臼齿、脱臼、石臼。

注意臼和𦥑微妙区别。𦥑，同匊或举。

[illegible] jiù 义不详。

[illegible] 同申。

[illegible] 同申。

异体字：[illegible]、[illegible]、[illegible]、[illegible]（一竖上下贯通）。

臾 yú 须臾，指片刻。颛（zhuān）臾，春秋时小国，在今山东费县。异体字：[illegible]。

[illegible] 同寅。

衣（衤）部

衣 象形字。甲骨文像带大襟的上衣形。金文，篆文。隶变后楷书写作衣。《说文》曰：衣，依也。古人称上衣为衣，下衣为裳，合称衣裳。现在衣裳一词统管身体所着的上下内外之服饰。

⿰衤衣 同旅。

⿰衣衣 同旅。是不是告诫人们，出门旅行要多带衣服，待考。

羊（𦍌、⺷）部

羊 象形字。甲骨文为正面羊头形。金文，篆文，隶书。羊肉鲜美（鲜字从羊），是古代生活、祭祀用的珍品，故借用以表示吉祥。当羊专用于动物后，古人加礻另造祥代替。

⿰羊羊 同羴。

[illegible] 同羴。

羴 shān （一）羊的膻气。（二）羊群。（三）鼻烟品目之一。清赵之谦《勇庐闲诘》：（鼻烟）凡品目四等，曰羴，曰酸，曰煤（huǐ 义为火），曰豆。

一羊姓爷爷，刚添了孙子，高兴不已。立马召集全家开会，说人家姓金起名叫金鑫，姓牛叫牛犇。这回咱们也赶一次时髦，这个孙子就叫羊羴吧。

殊不知，羴同膻（shān），像羊肉的气味。多亏有明白人给否了，要不然孩子真叫羊羴，上学时，同桌的你早跑得无影无踪了。

羑 yǒu 羑里，古地名，在今河南汤阴一带。

[illegible] 同渼（yǒu）。水名。

异体字：[illegible]、[illegible]、[illegible]、[illegible]。

[illegible] 同美或羔。火烤羊肉，美味。

[illegible] xiù 义不详。

羗 同羌（qiáng　1. 我国古代民族，原住在以今青海为中心，南至四川，北接新疆的一带地区，东汉时移居今甘肃一带，东晋时建立后秦政权，时间为公元 384 ~ 417 年。2. 羌族。3. 姓）。

[illegible] （一）yǎng　义不详。（二）chài　同瘥（痊愈，如久病初瘥）。

米　部

米 象形字。甲骨文 像是围绕着一（穗梗）结满了米粒形。也有的说是那一横指筛子，上方三点表米，下方三点表糠，备此一说。金文，篆文，隶书米。古人所称的米实为粟子（小米）；今人所称的米实为稻米（大米）。米也泛指粮食，如玉米、花生米等。引申也指像米的东西，如虾米、鸡头米。后又用作长度的法定计量单位。

粎 同䋛（mǐ），义为像密集细米似的绣纹。

[illegible] róng　义不详。

𥸨 同番（蹯，fán），兽足。

𧖰 同𥸨。

聿（肀、⺻）部

𦘔 同肆（sì 1. 不顾一切，任意妄为，如肆意。2. 四的大写。3. 铺子，如茶楼酒肆）。

羽　部

习（習）会意字。甲骨文𦐂从羽从日，会鸟在白天的天空中飞翔之意。金文習，篆文習。正体楷书習，俗体楷书习，汉字简化时采用习。

羽 1. 羽毛。2. 鸟类或昆虫的翅膀。3. 量词。用于鸟类：一羽信鸽。4. 姓。5. 古代五音（宫、商、角、徵、羽）之一，相当于简谱中的“6”。

异体字：羽、羽、羽。

[illegible] 同戮。戮的异体字：[illegible]、[illegible]（中间横不能连）。

[illegible] 同[illegible]（hōng　1. 飞。2. 飞声）。

[illegible] liú　小飞。

[illegible]中间是由两短横组成。

糸（纟、糹）部

糸 象形字。甲骨文[illegible]像一把蚕丝[illegible]（幺）拧在一起，两端打结[illegible]、[illegible]。金文[illegible]，籀文[illegible]，篆文[illegible]。糸，作部首时处于汉字下部，处于汉字左边写作糹（现简化为纟）。糸作部首时，读作绞丝底。凡从糸的汉字大都与丝及织的行为有关。因纺织品被染成多种颜色，因而表颜色的字好多从糸（纟、糹），如红、绿、紫、绯、绛、素、绀等。

系，上面一撇在金文中是一个圈，即绳套。后引申指承接、继承等，如系统、联系等。

絲 同丝。

絲 同絲（丝）。

䌸 同絲（丝）。

丝的异体字：絲、絲、丝。

糸 同系。

䜌 guān 织布梭。

䜌左下的小不带钩。

䜌 同丱。丱（guān），织绢时把丝线穿在梭里。汉字简化后，丱只能从關（关）、聯（联）等繁体字中一睹旧时风采。

系 同綦。

𦈢 xì 义不详。

走　部

走 会意字。金文[古文字]上从人（甩开双臂）下从止（脚），本义挥动双臂，奋力狂跑。篆文[古文字]，隶书[古文字]。

古时，徐行曰步，疾行曰趋，疾趋曰走。走本义为跑。亦步亦趋，本义是你慢走（步）我慢走，你快走（趋）我也快走。现在比喻毫无主见，事事模仿。

𧺆 音义不详。瞅瞅这个字也慢不下来。

𧾷 同奔。

赤　部

赤 会意字。甲骨文[古文字]从[古文字]（大，义为人）从[古文字]（火），会火映红了人的面孔之意。金文[古文字]，篆文[古文字]，隶书[古文字]。本义为比朱红稍浅的颜色。人初生色红如赤，故引申指赤子。由红引申为纯真，如赤诚，赤胆忠心。又引申指光着、裸露，如赤脚。古表示红色的字不少，按由浅及深排列为：红、绯、丹、赤、朱、绛、殷（yān）。

赫 1. 显著，盛大。2. 姓。3. 赫兹的简称。1 秒钟振动一次是 1 赫。

异体字：㷤、𤆬、𧹛、𤆬、𤆬、𤆬。

豕 部

豕 象形字。甲骨文[古文字]像猪。金文[古文字]，篆文[古文字]。当豕成为单纯字件后，再加[古文字]（肉）另造豚代替。也有的地方另加声符“者”写作豬。如今都简化作猪。

由于猪的粪便较多，加之古时矢、屎相通，于是豕读作矢、屎（shǐ）。豕和彘本指大猪，猪和豚指小猪。豕和亥最初是一个字，甲骨文两者形体都像猪，后来才分化成两个字。难怪“鲁鱼亥豕”定型为成语。

豩 （一）bīn 1. 二豕。2. 豕乱群。（二）huān 顽劣。

豳 同豩。

卤（鹵）部

卤（鹵）象形字。甲骨文▢（金文大致相同），篆文▢，楷书写作鹵。本义为盐。

𠧪同卤（tiáo　草木果实下垂状）。

足（⻊）部

足 象形字。▢从▢（膝盖）从▢（止，脚），本义指小腿。后专指脚，引申指植物的茎根，还指器物下部形状像脚的支撑，如三足鼎立。因足立于大地，必须踏实才能稳定，因而引申出充裕，如丰衣足食。自然也引申出满足或者不足。

足与脚的异同。足在上古指包括膝盖在内的下肢，现在指脚；脚上古指小腿，中古后才渐指脚。

跾（一）chù　同踧（蹴），谨慎貌。（二）cù 绊足。异体字：𧿹。

⿱足⿰足足 chùo　1. 行。2. 行疾。

邑（阝右）部

邑 会意字。甲骨文从（囗，读围或国，聚居地区）从（跪着之人），表示众人聚居的区域。金文、篆文承续甲骨文字形。隶书。楷书邑，跪坐之人变形为巴。后来称县为邑，如山东省平邑县、临邑县、昌邑县。

⿰邑邑 同巷。

⿱邑⿰邑邑 xiàng　巷道。

身　部

身 象形字。甲骨文像一个人隆起的腹部内怀着一个胎儿。金文，篆文（头、腹部、双腿高度概括）。身本义就是怀孕。现在农村还有人把怀孕说成身子重了。身的怀孕本义消失后，另造会意字孕代替。身引申指全身、身体等，再引申指自己，如明哲保身。

𨈟 liǎ 相互粘连。地名用字。

谷 部

谷 会意字。甲骨文从（水）从（口，泉眼），本义泉水从泉眼流出，经过山谷流向山外。山谷之中自然行走不便，于是就有了进退维谷。

穀（稻谷之谷的繁体字）因读音与谷相同，于是古人假借谷代替穀。新中国汉字简化时，穀（该字左下角为禾，形符，让人一目了然）与谷合并。也就是讲山谷的谷没有繁体字。另外还要注意，穀[gǔ，构（树）]与穀的形、音、义的区别。

䜭 同壑（hè 山沟或大水坑，如千山万壑、欲壑难填）。

言（讠）部

言 会意兼形声字。甲骨文上似箫下为口，本义吹奏乐器。金文，篆文，隶书。由本义引申为说话，再引申为议论，言论。言与音同源。言可作语言单位，指一个字、一句话，如五言诗、七言诗、只言片语、一言为定等。

誩 jìng 争论。

异体字：[illegible]。

[illegible] è 义不详。言上言，话赶话，估计没好事。

[illegible] 同譶。

譶 tà 说话快；说话不停。

[illegible] 同譶。

辛 部

辛 象形字。甲骨文像装在（木柄）上端的（刀）。本义为远古时代用来给奴隶或罪犯刺字的刀。后引申出辛苦、辛酸、辛勤等义来。辛部首内汉字通常与刀凿、刑罪、悲痛有关。

辡 biàn　1. 辩解，争辩。2. 有口才。3. 遍，周遍。

[illegible] 咅（è　怒声相拒）的讹字。

誩 同競（竞）。

譶 同譶（tà　说话快；说话不停）。

辜 形声字。金文从（表声）从（辛，代表犯罪受刑的人），本义为罪。引申为违背，如辜负。

韡 同𡍮。

雨（⻗）部

雲（云）云是雲的本字。云，甲骨文从（二，天）从（气流），表示气流在天上流动。金文，篆文承续甲骨文字形。当云借用曰后，古人加雨另造雲代替，强调其天象特征。汉字简化时，雲又简化为云。云里来雾里去的，容易让人云（晕）乎乎。注意，古文中用以说话的云不能写作雲。

䨺（叇）duì 云貌。叇，地名用字。

䨻 nóng 云广貌。

雷 象形兼指事字。甲骨文，本为指事字，像闪电伸张形，四个点表示雷声滚滚。金文，加义符雨。楷书写作靁，简化为雷（田野与雨组合也非常确切）。

䨻 bìng 雷声。

靐 bèng　雷声。

齿（齒）部

齒（齿）象形兼形声字。甲骨文像口腔中上下相对的门牙。金文加声旁（止）。篆文。齒简化为齿。（参见105页“牙”）

齒齒 zhí　啃咬。

隹　部

隹 象形字，读zhuī。甲骨文，短尾鸟，好似在地面行走。几经演变成为隹。（参见144页“鸟”）

注意隹与佳的形、音、义的区别。

雔 chóu　1. 雔由，野蚕名。2. 成对的鸟。引申为伴侣、匹配。3. 相当。

雥 zá　1. 群鸟。2. 相聚。

雦 同集。

隻（只） 会意字。篆文从隹（短尾鸟）从又（手），一只手抓住一只鸟。引申为量词只。

雙（双）是一只手抓两只隹。

雙（𠬣） 同雙（双）。

阜（阝左）部

阜 象形字。甲骨文𠂤。古人穴居，𠂤像在穴的墙上挖出供上下的脚窝形（有的说像神梯，也有的说像军旗）。篆文𠂤略有变形。后逐渐演变为阜。阜由本义引申指土山，也泛指山。又引申指高大，再引申指多，如物阜民丰。

阜部首内只有自己，而由阜演变出的“阝左”“阝右”是由邑字演变而得。其部首内汉字大都与高低有关。

𨸏（䠀） fù 两阜之间。

异体字：䲆。

邭（阝卩）yóu　义不详。

邭不知是阝$_{左}$阝$_{左}$组合，还是阝$_{右}$阝$_{右}$结合，抑或是阝$_{左}$阝$_{右}$、阝$_{右}$阝$_{左}$混搭，看来是个问题。

金（钅）部

金 象形兼会意兼形声字。金文从（铜饼）从（矢）从（斧），会金属可制作箭和斧之意。篆文讹为土中有金块，从今表声。隶变后楷书写作金。

最初金指铜，后通称各种金属，再后又特指黄金。用作五金，古人指五色金，即白金指银、青金指铅、赤金指铜、黑金指铁、黄金指金。现在意义上的五金是指金、银、铜、铁、锡，后来泛指金属或金属制品，如五金商店。

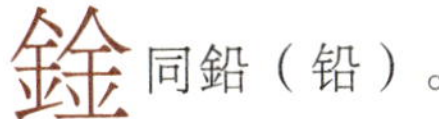

鍂 同鉛（铅）。

鑫 财富兴盛（多用于人名、商店字号）。

𨰻 bǎo 义不详。四金，估计意思差不了。

鱼（魚）部

魚（鱼）象形字。甲骨文[illegible]，金文[illegible]，篆文[illegible]均呈鱼形。隶书[illegible]将篆文的[illegible]（鱼尾）写成[illegible]。俗体楷书[illegible]依据草书字形[illegible]。魚简化为鱼。

䲆（一）同鲜。（二）同稣（苏）。

𩺰（一）yú 1. 二鱼。2. 同鱼。（二）wú 大鱼。

异体字：[illegible]、[illegible]、[illegible]、[illegible]。

鱻（𫚒）（一）xiān 1. 同鲜。2. 鱼。（二）xiǎn 同鲜。义为少，如鲜见。

犇羴鱻，餐饮业的知名招牌，以“犇羴鱻”为命名的招牌，其用意为：吃货犇（奔）着羴（同膻，

指羊肉本味，有人专好这一口）和鱻（鲜）来大快朵颐。有家清真馆（见图），在“犇羴鱻”前面加了个“鑫”，估计是盼着生意兴隆吧。你再仔细瞅瞅，牌匾中“鱻”上面那条魚是简化字鱼，下面两条则是繁体字，别有一番风味。

䲜 yè 鱼多貌。

隶 部

隶 会意字。金文𨽾从又（手）从尾（动物尾巴），会捕兽加以驯化之意。篆文隶。隶是逮的本字。驯养、宰杀牲畜是奴仆做的事情，因而隶作为隸的简化字，指奴隶。引申指差役、衙役。奴仆是附属主人的，故用作动词，引申指附属，如隶属。据说隶书是秦朝隶人所用之省简字体，故特指隶书。

隸 同䏤（sì）。义为：1. 猪叫声。2. 鼠名。

面 部

面 象形字。甲骨文从（目）从（脸廓）。本义为脸庞。篆文将甲骨文字形中的（目）写成（首）。隶书写作面，异体写作靣。由本义引申指物体的表层或上边一层，外表（与里相对），如侧面、表面、地面。又引申指纺织品光滑的一面或物体的正面(与背面相对)。又用作后缀，附着在方位成分后，构成方位名词，如前面、后面、上面、下面等。又用作副词，指当面进行，如面谈、面议。还用作量词，用于扁平或能展开成平面的事物，如一面镜子、两面旗子。面还用作“麵、麪”的简化字。

面与脸的关系。脸产生在中古，初指两颊上方搽胭脂的地方，后来口语用面代脸，面指整个脸部。

[illegible] 同湎（miǎn）。沉湎，指陷入不良的境地（多指生活习惯方面）不能自拔。

[illegible] suàn 面慱。慱是博的异体字，面慱就是指脸庞大。

⿱面⿰面面 同靧（huì　指洗脸）。

古人造字讲究精准，就拿洗漱来讲吧。洒，是洗（xǐ）的本字，后来洒才读 sǎ。洗本指洗脚，沐本指洗头发，浴本指洗后背，盥本指洗手，濯本指小鸟洗羽毛，浣本指洗丝绸等衣物。

骨　部

骨 象形兼会意字。甲骨文像动物的大块的甲状坚硬器官。篆文。隶变后楷书写作骨。由本义引申指人的尸骨。骨头支撑身体，引申指人的品质、气概，如骨气。如今指未开放的花蕾，如花骨朵。用作“骨碌、骨碌碌”，表示滚动，翻滚。

骨的旧字形：骨。

⿰骨骨 同体。

体的异体字：⿰骨骨、體。

香 部

香 会意字。甲骨文从（∴象征香气四溢也表示成熟散落的粟子，即禾）从（口，品尝），本义不言而喻。篆文从（黍）从甘。隶变后楷书写作香（曰是甘的讹变）。

[illegible] xiāng　大香，香气浓。

[illegible] 同[illegible]。

馫 xīn　1. 同馨。香气远闻。2. 香气。

音 部

音 会意字。音与言同源，后音与言分化。音，甲骨文在（言）上加（口吹乐器发出声音）。金文则将加在的口中。加横表示乐音，不加者表示语言。篆文音，隶书音。音，本义为音乐。引申指音律，如定音。用作八音，指我国古代乐器的总称。包括金（如钟、铃）、石（如磬）、土（如埙）、革（如鼓）、丝（如琴瑟）、木（如柷。柷，读 zhù，义为形状像方形斗的木制乐器）、匏（匏，读 páo。匏瓜，果实比葫芦大，剖开可做水瓢）、竹（如管、箫、笙、竽）。

䪳 ruǎn　乐器名。

首　部

首 象形字。甲骨文像有发、有眼、有嘴的头部。金文首，篆文首。隶书首将篆文的巛（眉、发）写成䒑。首部首内汉字与头等义有关。

䭫 同頧（shǒu）。义为：1. 长子。2. 顺产。

𩠐 同䭫。

鬲 部

鬲 象形字。甲骨文[甲骨文字形]像古代鼎类炊具。金文大致相同，篆文整齐化。本义炊具。（一）lì 古代炊具，样子像鼎，足部中空。（二）gé 义为：1. 鬲津，古水名，在今河北、山东。2. 胶鬲，殷末周初人。

鬲

鬲鬲 lì 1. 去滓。2. 同鬲，义为古代炊器。

高 部

高 象形字。甲骨文[甲骨文字形]像楼阁，用于瞭望预警，借以表示崇高。金文[金文字形]，篆文[篆文字形]。

高高高 áo 义不详。

鹿 部

鹿 象形字。甲骨文像雄鹿形。金文，篆文，隶书。由于鹿是人们所追逐的对象，故用以比喻政权或爵位，如逐鹿中原，鹿死谁手。

⿰鹿鹿 音义不详。

麤 同粗。异体字：。

塵（尘） 会意字。篆文，后省去一个土为，会意群鹿奔跑起尘的意思。后又省作塵，现简化为尘。小土为尘（尘上方小不带提钩），妙不可言。

塵（尘）与麈：麈，读 zhǔ，指鹿一类的动物，尾毛可以做拂尘。塵（尘）与麈都离不开尘。

请注意，尘字上的“小”那个竖不带弯钩。尘的繁体字，最初是，后来减去一个土成，再减去两只梅花鹿成麈，最后成了尘。这里特别提请大家对麈与麈要加以区别。麈尾，是一种用鹿毛等制作的拂尘。报刊上经常见到将麈尾误写作“尘尾”，因为编辑和作者把麈当作麈，继而将“麈尾”简化为“尘尾”。

麈 𪋻 同尘。

黍 部

黍 象形字。甲骨文像黍子形。篆文。本义指黍子，籽实也叫黍子，去皮后叫黄米，性黏。

𪏽 shǔ 以杖挑镫（dèng 义为挂在鞍子两旁供脚蹬的东西，多用铁制成）。

下　篇

异体会意字

一 部

朩 （一）è　同櫱。树木被砍伐后留下的树桩。（二）ài　木屈头不出。（三）dǔn　1. 木墩。2. 方言。做成砖状的瓷坯。

朩，现在统读 dǔn，注意“朩”与“不”字形不同。另外，朩很像木墩、树桩。

⿱一己 同己。

⿱七二 同空。

丕 pī　大：丕业，丕变。

异体字：㔻、⿱不⿻丷十、⿰不不、⿰舌不。

⿱二尺 bó　义不详。

⿻下上 kōng　地之上，天之下，加上读音为空，应是“空”的俗字。

⿱一先 同天。“先”的字形本是人行走的样子。

⿱一先上面一横当是“天”的简写。

⿱不亡 péng　义为在。不亡自然就是活在当下。

⿱四三 同四。

⿱罒三 wǎng　义不详。

⿱天出 rì　疑同日。太阳从天边慢慢露出头来。

⿱一國 lǔ　义不详。

⿱开束 jiǎn　1. 小束。2. 量词。指禾十把。

⿱丷束 同中。

⿱不束 同铺。不加束缚自然就是铺展开来。

异体字：[illegible]。

以下为“不”与其他汉字组合，此类字读音大都是组合字读音的快读，其义也是多字简单聚合。

歹 同多。

甭 （一）qì 同弃。（二）béng “不用”的合音。义为用不着，不必了。如：甭说了；这事你甭管。现统读 béng。

兀 同否。

𡘙 同痛。疼痛者，坐立不安。

𡘙 同害。不安之人：一说不安分之人，害人也；另说人不安者，担心人被害。

奀 （一）ēn 方言。人瘦小（多用于人名）。（二）dí 方言。物件小。

现统读 ēn。

不 同大。

𠀡 同扁。

𡕒 là 义为不能举足，即不能行走。

孬 nāo 方言。1. 不好，坏。不孬，就是好。2. 怯懦；没有勇气。如：孬种。

嫑 báo 方言。不要。如：嫑着急；嫑去。

殀 luàn 会临死之时迷离之意。

歪 不正，跟“正”相对。

异体字：歪。

𪚥 同乱。𪚥的下方是“整”的变形。

𣊫 同暗。

朆 pēi 方言。副词，表示否定，相当于“不会”。

𡷊 mǒu 方言。义父。音近某，假父也。

覔 fōu 义为见。

𡙇 （一）同终，指人亡绝。（二）同稖（yǎn），指谷无实。

覔 同觅。人或物不见，自然要寻觅一番。

⿰不頁（一）péi　颐曲而微向前。（二）bāi　义同⿰丕頁（pī　脸宽大）。

汉字中“頁（页）”是指头。丕义为大。

⿱不食同斋。

⿱不風同⿰齒念（niè　义为声音停止）。

⿱不長同矮。

⿱不高同矮。方言。广东称人不高为⿱不高。

⿱不真同假。

⿱不走zǒu　义为住。中原官话。如：她⿱不走到娘家不会来了。

⿱不老同仙。长生不老，神仙也！

⿱不馀qú　北京方言，指分量差或不足。

馀，左边为食，右边为余（房屋形），既有吃的又有住的，本义为富足。《简化字总表》第一次发布时，关于“余”字有一条注释：在余和餘意义可能混淆时，仍用餘。为什么存在这样的注释，人民文学出版社原总编屠岸先生讲了这样的故事：20 世纪 50 年代末，该社出版《毛主席诗词》，《沁园春·雪》诗中有“望长城内外，惟餘（馀）莽莽；大河上下，顿失滔滔”。由于“余”在文言文中可用作第一人称，出版社担心“惟余莽莽”引起误解，通过田家英请示毛主席，毛主席同意保留繁体字“餘”（馀）。几十年来，人们发现，当初想法是多虑了，于是《通用规范汉字表》发布时，馀作为余的异体字被淘汰出局。

⿱不到 同远。走着走着，还是不到，说明路途远啊。

⿱不曲 diàn 义为直。粤语。

⿱不毛 同秃。

⿱不言 同默。

⿱不坐 ⿱不立 ku tuei 连绵字。不坐不立，即蹲。

丿 部

乏 乏上方一撇代表方向和目标有点歪，乏下方“之”代表脚，整字会意行动时目标偏离，自然到达目标的距离就会远，结果体力消耗就会大，于是就引申出疲乏，再引申指匮乏等义。

正，与乏相反。正上方一横代表方向、目标准确，正下方“止”表脚，整字会意沿着既定目标前进，是一种正确的选择。

甭 同安，也同要。

甮 fèng 方言。义不用。如：甮客气了。

异体字：甭。

𠂉 mèi 方言。义不会。

𠂤 fèi 方言。表示不会。

异体字：𠂢、𠂣、𠂤。

𠂥 fēn 方言。副词。表示否定，相当于“未曾”“不曾”。异体字：𠂦。

覅 fiào 方言。勿要二字的合音，流行于江浙一带。如：机会难得覅错过。异体字：⿰勿婁、⿱勿要。

𠡦 同年。武则天所造字。以千千万万为年，武则天期望武氏皇朝永永远远。

武则天改唐为周，在公元690年称帝改正朔前后，为了试探群臣对自己的忠诚度，特在凤台侍郎宗楚客帮助下造了17个新字，计：年号“载初、天授、证圣”（载初、天授是公元690年她准备称帝时的年号，证圣是695年称帝六年的年号）“年月日正”（上奏章时间常用字）凡10字，圣讳“照”和君臣关系的“国君人臣”凡5字，共15字。另加“地星”以凑足“天地”两象“日月星”三光，以便给造字打个掩护，故共有17字。历史上也有说武后造18字，更有的说造了19字，最终专家确认为以上17字。

照 臣 君 月 年 日 星 载 圣

人 初 授 证 天 地 正 国

武则天创造的十七字

𠙽 音义未详。《辽文汇·文秀〈刘继文墓志〉》："七帝相承何所问，三𠙽孤瘗（yì 掩埋；埋藏）塔山阳。"

丶 部

丼 （一）同井。（二）dǎn 1. 投物于井中之声。2. 姓。

半 金文𠀁从八（刀）从牛（牛代表物大，可以分也），本义为分牛。

有人说，"半"应该与"牛"换岗，因为"半"有两只角，"牛"只有一只角。其实不然，牛的篆文𠀁实实在在一头牛，可是到了隶书就成了牛（将篆文的一对尖角ㄩ写成𠂉），就有点不像了。半的金文𠀁，上为刀下为牛，用刀将牛一分为二。

山东德州九龙湾古井亭

乛 部

乓ruǎn 义不详。小时候，笔者看样板戏时常见字幕上有兵甲、兵乙等字样。想必是祖先早有先见之明。

十 部

丰jìng 义不详。

古同兢。也有专家考证是“克”的讹俗字。

古巴是北美洲加勒比海北部的群岛国家。在我少年时代，中古与中朝、中越、中阿（阿尔巴尼亚）友谊万岁等常在耳旁响起。

克同烘。

鞾鞾鞢（xiázhá），花叶繁盛重叠的样子。

蝩 蝩傘（qūlà），指蛇行于草丛中的声响。

🔗 蝩，读chuā，台湾人名用字。傘的异体字：傘。

鷇 dú　卵未孵出而雏已坏死。

厂（厂）部

岸 岸的讹字。读yuè，义为岸上见。古时，厂也读ān，岸字中的厂既代表读音，又暗指岸，可谓一举多得。

屈 1. 同“月”。

2. jú　屈的讹字，义为持。

卜（⺊）部

卡 从上从下（上下共用中间一横），会不上不下之意，卡也。

🔗 卡另读 qiǎ，指哨卡、卡壳、发卡、领带卡等。

占 甲骨文从卜（灼龟之兆纹）从口，会根据兆纹推断解说吉凶之意。

叶 （一）jī　通过占卜问吉凶，或作乩，也作稽。（二）bǔ　化学名词用字。卟吩，有机化合物，叶绿素、血红蛋白等的重要组成部分。也叫朏（léi）。

《现汉》已将卟上面第一义项卸任，只留下bǔ读音，仅对卟吩、卟啉作了简要解释。

卡 同弄。上下翻转，不是弄还能是啥？！

卢 同百（当初念bó，现在统读bǎi）。地名用字。

𠨳 huì（又读huǐ）　外卦。《易》卦皆由两单卦重叠而成，上面的单卦称外卦，下面的称内卦。《玉篇·卜部》：𠨳，外卦曰𠨳，内卦曰贞。今作悔。清桂馥《说文解字义证·卜部》："筮法，爻从下起，故以下体为内，上体为外……郑玄云：'悔之言晦，晦犹终也。'晦是月之终，故以为终。言上体是其终也。"

夥 wài　夥甥，同外甥。

八（丷）部

关 同笑。

关上面的“八”好像是喜笑的八字眉。

仐 同中。许多城市中有第八中学。

兵 同长。

我们一直批评将“兵”拆为“丘八”，正确解释“兵”是由“斤”（武器）与“廾”（双手）组合。

㕣 同公。公本身就是会意字，从八（背离）从厶（私）。

皃 同貌。

兴 同與（与）。

羿 同幵（jiān）。1. 中国羌族的分支。2. 平。3. 姓。

𥲅 píng 一种用竹篾或蒲苇编成的器具。

太平天国运动是我国历史上规模最大的农民起义，除了留下许许多多值得人们深思的话题外，太平天国时期新造一批汉字令人关注。以下撷取部分供大家学习。

𠌥 音不详。合、共两字简单组合，其义是团结群众共同努力。

𤣩 同王。小中间为竖，不带钩。小与别的字组合大都不带钩。异体字：尘。

𤪌 同玺。

𠔃 同魂。洪秀全《原道教世歌》：普天之下皆兄弟，霛（灵）𠔃同是自天來（来）。云中之人，魂也，形象生动。

𠆯 同魁。

𡔷 同魏。

魊 音义不详。估计是女鬼组合。

仈 同魄。将汉字中“鬼”简化为“人”，除了笔画减少恐怕还有其他想法。

澾 dà　义不详。

澋 hóng　义不详。

澅 huà　义不详。

滲 zhēn　义不详。

国 同国。洪秀全只称天王，不称皇帝，故用国。

龭 bān　从八（分，兼表声）从業（pǔ　义烦琐），本义指分配工作。

猛一看，龭好似是企、美组合。在好的企业被分配上一项好的工作，美滋滋的。另外，bān 也是班的读音，分配也是分班，是巧合还是有意，天知道。

𩏂 同韋（韦）。

章，甲骨文从口（口，城邑）从（众多脚趾，代表巡逻），像卫兵环绕城邑巡逻警戒。“韦”是“围”和“卫”的本字。普天同庆，当然是大家聚在一起，欢呼跳跃。《诗经·小雅·谷风之什·北山》：普天之下，莫非王土；率土之滨，莫非王臣。其义大致：普天之下，都是王的土地和管辖范围，而在这片土地上生活的人们都是王的臣民。

人（亻、入）部

𠑹 同寡。皇帝自称寡人，是寡德之人简称，意为“在道德方面做得不足的人”。说实在的，谦虚得有些过了。

𠑹，一人组合，符合天下独尊之义，安在皇帝头上也是不错的选择。新中国第二次汉字简化时，就是将“寡”简化为𠑹，女性没了丈夫，孤独一人，形象生动悲悲戚戚凄凄惨惨。不过，随着第二次汉字简化被取消，“寡”又回到《新华字典》，𠑹悄悄然而去。

亼，同集。亼，似三角形，很是稳定，暗含集体力量大如天。

仝 tóng　1. 同“同”。2. 姓。

中华铁路标志：。“工”字取铁轨横截面之形，整个构图外形上组成了一个完整的火车头形象。“工、人”两字点明铁路行业之属性，洋溢着铁路工人当家做主的自豪感、责任感。

⿱上人 同长。人之上，人上人，当是长官或是长辈也。

仚 xiān　1. 人在山上。2. 同仙（仚是仙的异体字）。仙人大都居住在深山老林。

企 从人从止（趾），本义踮起脚，引申出企望。

⿱人甲 同甲。

⿱人市 同闹。闹市之人或人入市场，闹是再正常不过了。异体字：⿻市乂。

⿱人施 同施。

施行与实行有很大不同。施行通常指法令规章等公布后从某时起发生的效力，权威、强制、广泛性都极强，通俗地讲施是公家行为也。实行，大到党和国家，下到单位个人都可以采用“实行”一词。

㚘 同法。

企同去。

䚐 同老。先人，先辈也，自然属老。

侁，也是先与人组合。侁侁（shēnshēn），形容众多。

㑒 同企。止是趾的本字，止通足，㑒同“企”实乃情理之中。

促，篆文从人从足（表声，兼表行动），本义为时间短，引申指急迫等义。

𢦏 zǎi　人名。《字汇补·戈部》：𢦏，楚人有以此命名者，如范元𢦏、熊八𢦏是也。此系湖广俗字。另据张涌泉《汉语俗字丛考》：此字当为“崽（未成年人）”的会意俗字。

仨 sā　方言。数量词。三个。如：哥儿仨；吃了仨苹果。

仨后面不能再接量词。“哥仨个”是不对的，应该写成“哥儿仨”，要么写作“哥三个”。

俩 （一）liǎ　数量词。1. 两个。如你们俩。2. 不多。如：一共就这么俩人。（二）liǎng　伎俩。

"俩"后面不再接"个"字或其他量词。"爷俩个"不中，得写"爷儿俩"。

付 从人从寸（寸在很多时候是手的形象代言人，寸口就在手腕处），会持物予人之意。

㐰 同信。人是靠口与人交流，准则就是：言必信，行必果。

伍 古代最小的军事编制单位，五人为伍。古代户籍编制单位，五家为伍。古代兵车编组单位，一百二十五乘为伍。伍同五，今作五的大写。由军事编制单位引申指队伍。

佰 bǎi 1. 古代军队编制单位，十人为什，百人为佰。2. 古代军队中统率百人的长官。3. 数词。佰是百的大写。

仟 qiān 1. 古代军队中一千人的指挥者。2. 同千。现在以"仟"为"千"的大写。3. 通"阡"，指田间南北向的通道。

古时，东西道为佰（后作陌），阡陌一词来源于此。但"广袤大地"中的广指东西，袤指南北。

休 人倚树而歇。

伏 金文从人从犬，会犬趴伏伺机袭人之意。

伙 伙最早由“火”担任。火伴，就是几个人凑在一起搭伙做饭（搿伙一词还保存炊烟袅绕的味道），后改作“伙伴”。引申指起伙、伙同、包伙。再引申出人群，一伙刚走一伙又来。再引申指家伙。

佬 lǎo 成年的男子（常含轻视意），如阔佬。

佾 yì 古代乐舞的行列，一行八人叫一佾。天子八佾，诸侯六佾，大夫四佾。

佾 舞

依 甲骨文 像人在胞衣中的形状。胞衣为胎儿所依托。后引申指依靠、遵循等义。

㑗 shēn 1. 神名。2. 怀孕。现在有些地方仍把怀孕称之为身子重了或有身子了。3. 姓。

㑴 同愆。由此可见人开心时话就多，话多必失，必失结果就是罪过。愆（qiān），义为罪过。

愆的异体字：諐、㥶。

𠌥 同佛。𠌥，西方之人，佛也。因为我国佛教是从西南印度传入。

㒨 同寿。人如果天天在内敛、日日讲自省，寿命定会长久。

㑼 同涎（口水）。大侃特侃之后，口水直流三千尺，该字造得令人喷饭。

𠈌 同孕。母亲肚中的小宝宝自然就是小人物，未来的大人物。异体字：㑉、躳。

㝱 xiào（读音取自"休要"两字快读）方言。义不要。

𠔁 同戒。佛之界，戒之严。

𠐅 𡇓 xītián 同"西天"。

𠐗 tú 音徒，外加衆（众），整字不说也明。

𡍮 音义不详。明白人打眼一瞅也能读出佛界之净土来。

[illegible] 同佛。打西域走来一位哲人，佛也。

[illegible] 同誖（悖）。“或”一正一倒，其旁边立着的那个人非悖即谬了。

仝 同全。

[illegible] 同乏。人进入乞求行列，自然是物质或精神方面都很匮乏。

[illegible] jiè 草巷。地名用字。

[illegible] zhá 义不详。[illegible]与札同音，札是指古代写字用的小而薄的木片，书写时那可得入心入脑才行啊。

[illegible] gǔ 义为出。入不敷出。

[illegible] xiá 《改并四声篇海·入部》引《类篇》：[illegible]，音狭。[illegible]与“狭”同音，是不是暗示钻入牛角尖的人大都是心胸狭窄啊。

[illegible] xǐ 义不详。入志，实现志向，加上音为喜，自然皆大欢喜也。

[illegible] 同企。

婪 lǎn　悲愁的样子。

古时，家族墓地周边都植树为界，此处称之为禁地，外人禁止入内。禁，上从林下从示（祭祀）为证。进入林地，一般都是祭祀，当然脸上挂满悲愁的样子。同理，古时，受战争、自然灾害等影响，秋天收获往往达不到人们预期，自然就满脸愁云。所以，带"秋"的汉字一般让人心情不爽，如"愁、愀、揪"等。

赞 zhì　义为挥。古书上将赞注音为"制"，外加审案时，主审官人大手一挥，高声吆喝道：把人带进来。这场景，再瞅瞅赞，不笑出声来都难。

卩（㔾）部

即 甲骨文𠱧左为盛饭的器具，右为卩（跪坐的人，兼表声）。本义为马上或正在吃饭。引申出走近，靠近，如若即若离。用作副词，相当于立刻、马上。

既　甲骨文𣳔左为盛饭的器皿，右为旡（义吃饱后打嗝，表示已经完成），故用于"既往、既成事实、既往不咎”。常用的还有“既然”，还与“且、又、也”等副词呼应，表示两种情况兼而有之，如“既要……也要……”

刀（刂、⺈）部

劵 fén 义为性，读音为焚，性起如焚。曾几何时，人们的发型有中分、偏分之分。

剂 篆文从刀从齊（齐），会用刀剪齐之意。中药需要切碎调配，一服中药由数种药物配合而成，故而出现：麻醉剂、针剂、药剂。由剂的一定量引申出做馒头等面食时，从而分出若干等分，叫面剂子。

力 部

劣 1. 弱。2. 少，不足。3. 拙劣，低劣。4. 调皮，淘气。劣的引申义，都是因为“少力”导致的。

艕 “加仑”的旧译名用字。

㔸 同犟。

㔹 bèi 挟，壮。生活中，常常有费力不讨好的说法。

勠㔡 yǒu niǔ 义为软。

㔺 同绝。

㔽 jìn 用力。
异体字：𠢕。

㔽 （一）kǎi 义为疲。（二）同懈。

𠢽 同閫（阃）。阃（kǔn），同壸。1. 门槛。2. 指妇女居住的内室，如阃闱。3. 借指妇女。如阃范（指女子的品德规范），也写作壸范。

勰 从思从劦，指心往一处想，劲往一处使。勰表协和，常用于人名。刘勰，历史上著名的文学理论家，他撰写的《文心雕龙》奠定了其在中国文学史上和文学批评史上不可或缺的地位。贾思勰，北魏青州益都（今属山东寿光）人，是中国古代杰出的农学家，著有《齐民要术》。

“協”“脅”“脇”都简化了，“勰”没有变动，是不是名人效应不得而知了。

又 部

友 甲骨文，两手紧紧挨在一起，表友好。“ナ”“又”都是指手。

受 上爫（手）下又（手），中间冖为物，整字会意两手交接物品（“受”与“爭”可比对欣赏）。

厶 部

⿰去卑 bǐ　1. 旅居外地的人。2. 方言。牵扯。

⿰去來 同归。

⿱去京 同弃。离开京城，常有被弃的感觉。

⿰来台 lái　1. 至。2. 勤。

⿰彡兩 sā　三个。蒲松龄《增补幸云曲》第十一回：好丫头笑嘻嘻，劝姐姐休撇急，我有一条绝妙的计。咱⿰彡兩同到玉火巷，你可藏的严实实，俺⿰去兩（注：同两）上楼把你替。

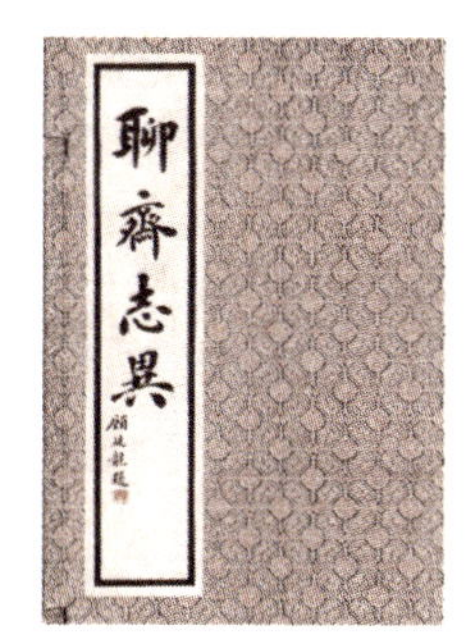

土（士）部

⿱土水 zuān　义为水入土。水钻进土里，土在上，音为钻，很好理解。

坔（一）同地。（二）làn　方言。平地涌泉，也可说泉水泛滥也。

死土 同葬（死者入土为安）；也同坐。

薤土 同葬。

涅土 同泥。

活土 kuò 义不详。

埍 xuān 松软；松散。如：土很埍；馒头很大也很埍（想想埍是土部首，怎么能吃得下去）。

现在，“埍”废而“暄”兴，因此写着：土很暄；馒头很大也很暄。

𡎸 shú 1. 同熟。2. 牲体。

工 部

𡏨 同無（无）。法空，出自《法华经·药草喻品》，解释为并无独立存在的实体。

艹（艸）部

𦬁 菩提二字的合字。菩提是梵文Bodhi的音译，意思是觉悟、智慧，指人忽如睡醒，顿悟真理，达到超凡脱俗的境界等。

莫 太阳沉于草丛之中，也就是天色暗淡。由于莫被引申义所广泛运用，于是古人另造暮代替莫的本义。

葬 甲骨文像人在棺内以草掩埋之状。篆文繁化，变成尸体上下被草覆盖。

蓋（盖） 篆文从艸（草）从盇（覆盖，兼表声）。如今简化为盖，好似器皿有一物罩住。

薦（荐） 薦与荐本为两个字。薦，金文从茻从廌（犍牛），会兽畜在草地上边走边吃草之意，是古代游牧生活的真实写照。荐，本指草席或席子下的垫草。这种草常用于祭祀，祭祀有一个时间、地点、祭品等选择的问题，故引申出推荐、举荐、毛遂自荐等义来。

藝（艺）篆文本作埶，本义种植。由于埶作了偏旁，种植之义另加义符艸（艹），说明种的是植物；或另加义符云，说明土地耕耘之后巧如云纹。后来合为藝。如今简化为艺，好认好读好记好理解，艺术之路犹如“乙”形般曲折。

寸部

尋 同寻。寻，本从又（手）从寸（手），会两臂张开测量尺寸之意。后为了突出丈量之义，加了尺子“工”。丈量就是寻找、探求其长短、高矮，又加了“口”作义符，于是“尋”出现了。还好，简化时“尋”又寻找到自己本来的样子“寻”。

周代计量单位，《说文》中称：咫，中妇人手长八寸……周尺也（合今六寸二分二厘）。古人没有专门用于丈量的尺子，而是将尺子与身体相整合，可以说是随身携带：人的手掌底部到手腕脉搏处（寸口）之间为一寸，拃（张开大拇指和中指，又说是张开大拇指和小指两端间的距离），八寸为一咫，十寸（一小臂）为一尺，五尺为墨（两墨为丈），八尺（一说六尺）为一寻，两寻为一常（广度）、一仞（高度）。由于“寻”和“常”都是成人只要张开双臂就能轻松丈量出来的尺度，所以“寻常”一词就进入寻常百姓家了。手腕至肘部为一尺，𡬶是尺尺联合，其作用就是丈量。

𦞠 同寻。古时，月与肉相通。

𡪏 同守。

大　部

夯 hāng　1. 砸实地基用的工具，有木夯、石夯、铁夯等。2. 用力砸。3. 用力打。4. 用力扛。

夯的义项，均需大的力量方能完成。另外，还不得不说，夯旧时还通笨，难道是说四肢发达头脑就简单吗？

打　夯

夵（一）yǎn 物上大下小。（二）tāo 古同夲（义为快速前进）。

夵同介。

夸同夷。

夸与夷，都是由大和弓组合，本是中原人将东部民族命名为夷。有专家说，夷中“大”指人高大，“弓”表勇猛。中原人将四周民族分别称之为东夷、南蛮、西戎、北狄，贬意味甚浓。东夷，暗指有勇无谋。

奆juàn 甚大，巨大。

尖同些。些，表示不定的数量或略微。少大一点，蛮符合“些”的感觉。

夲同夸。大斗也好，斗大也罢，都有些王婆卖瓜——自卖自夸。

奋bā 1. 大。2. 地名用字。如今大巴、中巴，汽车类型。大巴还指大巴山区。

盇同盤（盘）。大的器皿，盘通常比碗碟大，盇同盘，想必碗碟意见不会太大。

臭（一）gǎo 大白。（二）同泽。

奟 fú　大。后作佛。

异体字：㚕、𡗷。

奍 同宽。

㚵 niǎo　软美。

奪 qiá　1. 方言。义跨。2. 四川少数民族部族或人名用字。3. 方言。贵州苗族“鸡”的译音。

奟 māng　方言。壮实，高大。如：这人长得真奟。

奎 同稳。通行于两广。

奣 huǎng　同爌，义为开朗。

奤 （一）pò　脸庞大。（二）tǎi　1. 奤子：一些地方对身躯肥大，行动不便的人的谑称。旧时南方人对北方人的贬称。2. 外地口音，或指说话带外地口音。（三）hǎ　奤夿屯，在北京市。

奤现在统读 hǎ。奤现在是呔的异体字，呔读 tǎi 是指说话带外地口音。呔，读 dāi，叹词，义为突然大喝一声，多见于早期白话文：呔！你这大胆的毛贼！

弋部

㒳同俩。蒲松龄《蓬莱宴》第一回：賓（宾）客密如麻，東（东）㒳㒳，西奀奀，八百席一霎安排下。

小部

尖音不详。义为小人。

尖物体上小下大，尖也。

尜 儿

尜gá　尜尜，一种儿童玩具，两头尖，中间大。也叫尜儿。也指像尜尜的东西，如：尜尜枣（即长枣），尜尜汤（用玉米面等做的食品）。

尜尜枣

尠 同鲜。鲜，指甚少，如鲜见。

熊 nài　小熊。

能是熊的本字。由于熊的能力太强，于是本指熊的“能”后来专指能力的“能”，古人只好另造“熊”。

尠 zhì　义健康。健康者，疾病侵害少。

口　部

口 同旨。皇帝一出口，就是圣旨驾到。

君 同王。君上只有一人，非王不可。

嘦 jiào　方言。连词。义为只要。

噵 同道。

道口，指铁路上铺面宽度在2.5米及以上，直接与铁路贯通的平面交叉。按看守情况分为“有人看守道口”和“无人看守道口”。道口，地名，位于河南省滑县，盛产道口烧鸡。

龘 lóng 大声。

龙口市，地名，在山东烟台。

口 部

國（国）甲骨文从戈从口（读围，义疆域），组合成“或”。后来，“或”担任副词、连词、代词，于是古人给“或”又加口，成了“國”。

武则天时代，曾有人提出“國”中间的“或”与“惑”相似，感觉不好，于是建议将“國”中“或”换成“武”。没等武则天表态，又有人提出反对意见，说是那样的话，武家就好像被囚禁一般。武则天一听，脸色一沉，立马否了将“武”换“或”的提议。最终新造“圀”代替“國”字。

太平天国时期，由于洪秀全坚决不称皇帝，信奉天主教，称自己为天王，于是将“国”代替了“國”。

新中国成立之初，第一次汉字简化时，围绕“國”

争论不下。最终，还是周恩来总理出来说话：中国有五千年玉文化，还是把“國”简化为“国”吧。这才定了盘子。

甲骨文	金文	篆文		隶书

楷书	行书	草书	繁体标宋	简体标宋
			國	国

异体字：国、囯、囻、圀、[illegible]。国的异体字共性为：一是大都带有口，二是大都藏着“或”。

罢 奤 kūlüè　蒙古语“库伦”的旧译，指围起来的草场，多用于村镇名。

圌 同看。

山 部

岇 同流。

峾 yín 峾沦，水回旋的样子。

沂山，古称海岱、海岳，为中国东海向内陆的第一座高山，有“大海东来第一山”之说，素享“泰山为五岳之尊，沂山为五镇之首”的盛名。古代十朝16位皇帝登封于此，从而留下名垂青史的“东镇碑林”，其留存的御碑数量为世界之最。沂山风景区位于山东潍坊市临朐县。沂山与蒙山组合成沂蒙山。

崠 （一）dōng 山名，在江西。（二）dòng 山脊。

崬（岽） dōng 地名用字，广西壮族自治区有岽罗、岽王等。

㟖 同泉。

㟗 同泉。

嵿 dǐng　1. 山名。2. 山顶。

⿱山路 同路。山路弯弯，崎岖难攀。

夕　部

⿰多占⿰多冉 chān rán　义为多。多吃多占，可不是一件好事情。

⿱髟多 chěn　多的样子。

广　部

慶(庆) 本为象形字。甲骨文像鹿类的动物，有的还加有文（义符），表其花纹美丽。篆文将鹿尾变成夂（脚）。如今简化为庆，成了会意字，“广”“大”为“庆”，妙哉。重庆是不是有点喜上加喜的感觉。

度 讲度需先讲讲庶。庶的甲骨文像在山崖处用锅做饭的场景。庶中的广由厂演变而来，廿为煮饭的器皿，下面四点为火。由烧火煮饭，突出奴仆佣人，引申出百姓、平民，这就是“庶民”的来历。度，篆文从庶（省去灬，表百姓）从又（手），会广大老百姓的手是一种尺子之意。

㢊 同腐。四川别称天府之国，要是知道㢊同腐，蜀地百姓恐怕是一万个不答应。

㢆 shèn 大屋，又说屋深。

中国汉字中，宀字头的房子（家、宅、宬）代表房屋规整，广字头的房子（庐、库、庙）大都依山崖、树干而建，厂字头的房子（厕、厅、厩）条件相对来讲就差多了。

门（門）部

閂（闩） 从門从一（门栓），言简意赅。

閃（闪） 本义为从门或缝中窥视，引申偷看。也可以理解人从门缝间匆忙穿过。后借用申（电），如闪电、打闪等。

問(问) 甲骨文从門（表意兼表声）从口，会隔门询问之意。

閏(闰) 篆文从門从王。古代天子每年岁末将次年朔政（来年的历日与政令）分赐诸侯，即“告（gù）朔”。告朔之时，大王（天子）居宗庙正室，闰月则居正室门中，所以“从王在门中”。“闰”本义为余。“润”与“闰”当是同根生。

關(关) 篆文从門从𢇍（表声）。异体为関。如今简化为关。

開(开) 从門从廾（由双手演变而来）。

不要理解为開从門从开。

閰 ruò 义不详。

閑 （一）lū 看守门户的狗。（二）quǎn 台湾人名用字。

2006年春晚小品《招聘》，道具就是一个閑字。

闊 从門从活（活的本义是水流动的样子）。会从门中出入、畅通无碍。引申出“开阔、广阔”，也引申出远离之义，如阔别。

曹操在许都建造府第，看后在门上写了一个“活”字便走了。众人不知何意，曹操的主簿杨修说曹嫌府门修得太阔气了。

闉 é　义同闭。黑天，意味着关门；关门意味着天黑。

宀　部

家 早期甲骨文从从（公猪。“家”中“豕”是“豭”的省写。“豭”公猪也，此处兼表声）。有人提出，为何祖先单单选“豕”而不选“牛”“马”“羊”等？或者选“人”不是更有道理吗？笔者以为，古人造“家”并非一时冲动，而是从牲畜肥力（牛马粪量大但不肥，鸡鸭鹅粪虽肥但量小）、繁殖力（猪的繁殖数量大大超过牛马羊）、人与动物和谐相处等各方面因素考虑，最后选定“宀”+“豕”。二次汉字简化时把“家”简化为上从“宀”下从“人”，但很快又恢复本来模样。

字 金文从“宀”从“子”（孩子兼表声），会在屋里养育孩子之意。仓颉造字是象形字，通俗地讲一个字就是一幅画，即“文”。后来，将象形字进行有目的地组合嫁接从而形成“字”。“文”是独体字，不能拆开（如“文”“象”等是一个完整体），“文”的意思只能解释；“字”是合体字，其字形是可以分解开来的（如“字”可拆成“宀”“子”）解释。这也是许慎所著《说文解字》而不称《解文说字》的来历。由于“字”是在独体字基础上繁衍的，这与有房子才具备成家繁衍后代资格有着异曲同工之妙，再加上文字传承文明与人类传宗接代也有相似之处，于是“字”本义消失，专为汉字的“代言人”。

牢 甲骨文从（围栏）从（牛），本义为关牲畜的栏圈。引申指古代祭祀用的牛、猪、羊。牛、猪、羊齐全为太牢（天子祭祀用），只有猪、羊叫少牢（诸侯祭祀用）。后引申指监禁囚犯的地方，如画地为牢、牢房。

⿱宀⿺鬼厶 （一）xiòng　老弱。（二）hùn　同惛。年老健忘。异体字：⿱宀⿺鬼乚。

⿱宀⿱乂巫 同稳。

⿱宀⿱一⿱口貝 guì　从⿱宀⿱一⿱口貝读音为贵，可以看出，富则贵，受人仰慕。

辶 部

逊 同逃。逃侧重指公开逃走，适用范围广；遁侧重指暗中悄悄溜走，适用范围小。

逐 甲骨文上边从鹿或从豕（猪），下边从止（足），会追赶野兽之意。古人称追击敌人为追，称追兽为逐，称追鸟为進（进）。

逵 从辵（辶，道路）从坴（高台上的楼房），会楼台前有大路相通之意。隶变后楷书分别写作馗与逵。逵还用作人名，如《水浒传》中的黑旋风李逵。

李 逵

進（进） 辶表行进、行走，这个很好理解，辶加上一个"人""牛""马"等完全可以表示前进的"进"。但是仓颉等先人们发现，"人""牛""马"等既能前进也能后退，表达不了"進"的唯一性。他们睁大眼睛，众里寻他千百度，终于有了惊天大发现，他们看见麻雀（隹，读

zhuī，指短尾巴鸟。注意隹与佳、住的微小区别）只会往前蹦跶，想往后退只能来一百八十度大掉头。于是，先人们将隹与辶结合成“進”。可惜“進”简化为“进”，从字面看，围着水井乱转悠，前进与后退谁能整得明白？

𨕥 同公，指无私。大公无私，天道必酬。

遖 同遥。月亮之上，只能遥望。如今中国人登月即将成为现实。

尸 部

屔 ní 1. 四边高，中间低，可以蓄水的山丘。2. 古同岷，山名。

孔子名丘，字仲尼。一说孔子生于尼山，还说孔子刚出生时头顶的中间凹下。看来，古人造屔，是有由来的。

孔 子

屎 同绥（ruí 义为帽子或旗杆上的缨子）。

䫝 mèi　尾巴长。尾巴长才能摇曳。摇曳尾巴是动物示好的表现，萌萌哒。

弓　部

𢏺 yì　上古传说中善射箭的勇士。也作羿。

𢏿 扶弓二字之讹。

𢐀 同彆。彆读biè时简化为别，义为改变别人坚持的意见或习性（多用“别不过”）。

𢐆 同锵（qiāng）。拟声词，形容金属或玉石撞击的声音。

𢐶 jiàng　僵仆。

子　部

孜 同好。

古时，汉字左右上下里外会经常调个，大都读音意思不变，如“够”与“夠”、“峰”与“峯”。

忎 同信。

玡 同好。古人谦词，如把儿子称为犬子等。

孜 同好，还用作姓。

毌 同好。

孬 hǎo 义为娶，孬妐（yāo 义为老婆），方言。该词义为讨老婆。

孥 同孺。

孫 tǐ 小孩。

朗 同朗。有孔自然光线就会透进来，明朗也就呈现在眼前。诸葛亮，名亮字孔明。亮、明搭配得好。

孔明灯

孔明灯又叫天灯，俗称许愿灯，又称祈天灯，是一种古老的中国手工艺品，在古代多作军事用途。现代人放孔明灯多作为祈福之用。升放时要注意安全。

女 部

妖 姊。大闺女，姐也。

妦 fēng　美好。女性追求丰腴、丰满、丰韵。

奒 yè　义为见。天女散花，也是一件浪漫的事。再说，天女下凡谁不想见啊？

巧 qiǎo　女子人名用字。

姃 zhēng　1. 女子人名用字。2. 端庄。3. 通正。指长官。

妥 同妥。

婟 hù　婟卤，义贪。婟，对女性存有极大污辱，应该坚决废止。异体字：婟。

娖（一）chuò　1. 谨慎。2. 整顿，整理。3. 辩。4. 同捉（zhuō）。（二）chù　同婌。1. 整齐。2. 美好。3. 善。

现在，女子足球简称女足。

嫐同喃。象声词。

嬲nǎo　戏弄。

嬲niǎo　1. 戏弄。2. 缠扰，纠缠。
异体字：嫐、嬲、嬲、嫋。

嫔同嫔。

嫚同妃。唐朝，女性以肥为美，如杨贵妃。现如今，女性减肥是第一要务，真是此一时彼一时。

婚古时候，结婚大都选择黄昏时间，有的专家说是抢婚陋习的延续。异体字：㛰。

嫼mò　因嫉妒而发怒，自然脸就黑沉沉的。

嫛huǐ　诽谤；貌丑。

马（馬）部

馴 bā　八岁的马。

駟（驷）sì　本义为一车所驾之四马或驾四马的车。

古时，一车驾三马为骖，一车驾二马为骈。常见成语有：一言既出，驷马难追。

騂騂 bànàn　义为：1. 马行。2. 马貌。

騹 sì　义不详。

馲駬 zhémò　骡属。

騂 同群。

騂 同骍（xīng）。赤色的马和牛，亦泛指赤色。

騳 同驜（mì）。1. 马多恶。2. 马啮。3. 马惊视。

駦 同驡（tóng）。义为小马。

驡 同龙。龙马：古代传说中形状像龙的骏马。龙马精神：比喻旺盛的奋发向上的精神。

王（玉）部

兲 同天。如今，王八百分之百是骂人的话。老天有灵，大地有性，定会不满意。

玐 bā 玉声。

玎 zǐ 玉名。王子是大王眼中的宝玉。

珐 同珐。王法，古时指国家的法律、法令。

鐾 同证。（参见192页“𠦑”）

木 部

杪 jiǎo 杪（miǎo 义为树梢）末之高。树高了，其杪自然就显小。

梶 wěi 树梢。

榜 同棚。

楃 wò 木帐。

梟 xiāo 同梟。削尖；尖细。

槑 nèn 愚痴。木讷（nè）之人，通常离愚痴不远了。

槷 chì 分蚕。

櫋 mián 一种树，即杜仲。杜仲又名胶木，为杜仲科植物。

䵅 同葚（shèn）。椹也同葚。

桑 葚

车（車）部

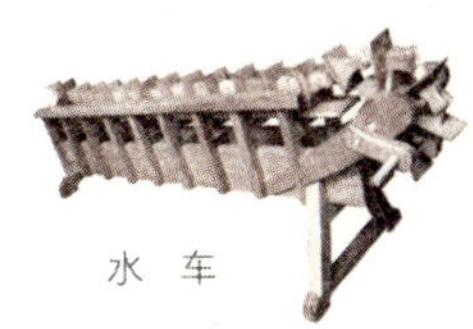
水 车

⿱車水 dù 义不详。

⿱水車 jí 义不详。

水车主要功能就是车水。

⿱止車 guì 义不详。读音与“归”相近，其义也能猜出个大概了。

⿰車次 cì 1. 以赤黑漆饰车。2. 通髹（xiū）。①用漆涂在器物上。②古代称红黑色的漆。

车次，公交车、火车等都有车次代号，便于人们购票、乘车。

⿰車床 同⿰車豦（qú 车轮的外轴）。

车床，指金属切削机床。

⿰車馬 同轟（轰）。车水马龙，轰轰烈烈。

輿 甲骨文像四只手（表众多）合力推动有轮子的车。輿由众人抬举，引申指众多，这就是輿论一词出处。輿可指车上人发布指令，更多的时候是指抬车人的言论（有正反两方面）。

轢 同梁，义为车梁。

轉 bó　1. 车饰。2. 同鞲。车中坐垫。

瓦　部

瓨 wǔ　古代盛酒的有盖的瓦器，口小，腹大，底小，较深。

甈 sī　1. 瓮类瓦器。2. 器物破碎声。3. 声音沙哑。

瓦斯是古代植物在堆积成煤的初期，纤维素和有机质经厌氧菌的作用分解而成。在高温、高压的环境中，在成煤的同时，生成瓦斯。异体字：瓶。

止　部

肯 zhǒu　"止有"（止通只）的合体字。方言用字。

歨 同涉。歨字中间三横为水，上下各表示一只脚，歨同涉实乃情理之中。

攴（攵）部

𢻱 同望。古时，之通止（脚），𢻱寓意政治家要站得高望得远，才能赢得人心。

日 部

旲 （一）tái 日光。（二）yǐng 大。

昢 （一）pò 日初出不太明亮的样子。（二）pèi 向晴。异体字：昷。

𣆶 wěng 天色清明。地名用字。

沺暆 tiányè 地名，在云南省。

𣊫 同著。

𩠐 同夏。頁（页）即为头，头的左边一个太阳右边一个太阳，只能是炎炎夏日的场景。

贝（貝）部

責（责）甲骨文[古文字]从[古文字]（朿，刺义兼表声）从[古文字]，本义挑出贝壳肉食之。由本义引申出求取，索取，再引申出要求，如求全责备，责令。再引出负责，责任。责在古汉语中相当于债。汉代以前无“债”这个字。

貪（贪）金文[古文字]从[古文字]（今，伸舌形表吞下，兼表声）从[古文字]，本义就是贪婪。古时爱财为贪，爱食为婪。

貧（贫）籀文[古文字]从[古文字]（宀，家）从[古文字]（分，兼表声），本义分割家产。分割财产，自然越分越少了。

買（买）甲骨文从网从贝，会以网取贝之意。引申指取。

賣（卖）篆文賣从出从買，会让人买去之意。后省作賣，简化为卖。卖从十（表多）从买，非常好理解。

賊（贼）金文[古文字]从[古文字]（戈，武器）从[古文字]（刀，武器）从[古文字]（贝，财物），表示武装劫财。

賈（贾）篆文[古文字]从[古文字]（网的变形，覆盖兼表声）从[古文字]，本义为存货坐卖。古时“贾”指坐商（此义读音为gǔ），“商”指行商。做买卖自然要有个定价，于是就有了jià这个读音，现在此音写作“價”（价）。贾作姓时读作jiǎ。

賄（贿）篆文从貝从有（具有兼表声）。本义为财物，引申指赠送，再引申行贿。

賂（赂）篆文从貝从各（各，甲骨文从夂从口，夂是倒趾形，口为古人穴居的洞口，“各”表到来兼表声）。本义为赠送财物。

貯 同财，又同贮。

賨 同寡。守财奴，自然朋友就会少。

水（氵）部

氼 （一）同溺。沉没；沉溺。（二）mèi 方言。潜水。人入水中，除了是主动潜就是被动沉了。

氽 tǔn 1. 漂浮。2. 用油炸。人在水面，漂浮也。油炸之物，热后必浮油面。

汆 cuān 1. 一种烹调方法，即把食物放到沸水里稍微一煮，如汆丸子。2. 方言。汆子，指烧水用的薄铁筒。

汆子

汬 同阱。

㵘 yíng 石头掉进井水里的声音（清脆）。

砻 zá 水激石的样子。

异体字：㴸。

泵 bèng 吸入和排出流体的机械，能把液体抽出或压入容器，也能把液体提送到高处。

砅 lì　踏着石磴渡水。

灋(法) 金文从（上为人下为口，口表居住地）从（水）从（鹿、牛一类动物），会人们赶着牛羊逐水而居之意，是一幅游牧生活的真实写照。隶书后楷书分别写作灋与法。灋，古代传说中的神兽，据说它能辨别真假，在审理案件时，它会用角去触理屈的人。

[illegible] 同漫。

[illegible] 同流。

沨 hǒng　水面之风。

[illegible] tà　1. 堆积。2. 放纵；豁达。3. 用人分不清好坏。

[illegible] fèi　溢。

[illegible] bì　行不止。

[illegible] yào　道教专用字。自己口中的唾液。也同药。也有说是精液。

见（見）部

規（规）篆文䂓从夫（夫，成年人）从見（见），本义为成人之见，引申出法度、法则、章程。如规模、规则、规矩、常规、法规、规格、循规蹈矩等。又引申指圆形，古人云：天道成规，地道成矩。这符合天圆地方之说。

覞 wèi　义为见。

覽（览）篆文覽从監（监，借水盆观看，兼表声）从見（见），本义观看。

覕
（一）miè　1. 隐蔽而看不见。2. 寻找。
（二）piē　古同瞥，义为看一眼。

覗 sì　1. 看。2. 偷看。
看与偷看，司空见惯。

覘
（一）shào　1. 见。2. 现。3. 召。
（二）jiāo　远。

覘 shī　1. 用引诱人的眼光看。2. 等候。

覩 shǎng 义为信。

䚓 chóu 不高兴地看。大凡与秋沾边的字离忧愁也就不远了。

覑 piān 斜看。偏见一旦形成，往往把人看扁。

覺（觉）篆文覺从𦥯（學省去子，表明悟兼表声）从見（见），本义为醒悟。觉有两读，一读jué；二读jiào，请注意区分。

覹 wéi 窥视；探察。见微知著，微：隐约；著：明显。意指看到微小的苗头，就知道可能会发生显著的变化。比喻小中见大、以小见大。

异体字：𧢈、䚓。

牛（牜）部

牷 quán 古代用作祭品的纯色全牛，也指肢体齐全，还指毛色纯一的全牲。

牺 篆文从牛从羲（杀羊奏乐祭祀，兼表声），本义用毛色纯的牛、豕、羊祭祀。楷书写作犧，简化为牺。

淄博临淄出土的大量酒器，品种之多、造型之美、工艺之精，让人叹为观止。其中最具代表性的是盛酒器——牺尊。

牺 尊

牲 甲骨文从（捆绑的羊）从（生，活的，兼表声），会祭祀用的完整（表皮无破损）的牛、豕、羊之意。

牺牲，古代指供祭祀用的毛色纯一、表皮完整的牲畜，如今指为正义事业舍弃自己的生命，如流血牺牲；还指放弃或损害某些利益，如牺牲自己的休息时间。

特 从牛从寺（表声），本义为公牛，引申指三岁小兽。由于三岁的公牛，应该算是身体状态最好的阶段，故引申指杰出，如特别、特殊、特权、特等、奇特。后虚化为副词，指尤其，极，如特认真、特好、特有才。

⿱顽牛 huān 劣。

手（扌）部

㧱 同牵。

扻 jié　方言。宴会之物不食而打包。宴会剩物打包带回，符合光盘行动，从扻读音为节也能咂摸出“节约、节省”的味道。但用“小人”组合令人饭后不太舒适。

拴 同掘。手将锹插入土地，义在掘。

捡 同掘。

挵 同弄。手上下翻飞，摆弄也。

挍 同搜。

挍左侧为手，右侧上为宀（房屋）中为火把下为又（手），本义就是手举火把，在屋内找寻东西。

掅 qīng　扶助清朝。义和团新造字。

湬 同洋。义和团新造字。清柴萼《庚辛纪事》：呼水曰雷公奶奶洗澡汤……改洋字为湬，其意盖谓水火交攻也。旧时，称火柴为洋火。

长（镸、長）部

镹 同久。

爪（爫）部

爭（争） 上部从爫（手），中间为彐（手），亅表示物品，整字会意两手抢夺一件东西。“爭”简化为“争”，只省了两笔，没啥意义。

这里要特别指出的是：“彐”中间一横有时右边出头，有时保持现在这个状态。如何处分，这里说个小窍门：当有笔画与“彐”中间一横相交时，中间一横右边探出头，如“争、唐、隶、康、棣、事、群、津、妻、尹、秉”；反之则不出头，如“归、刍、当、侵、稳、灵”。

愛（爱）篆文从夊（脚）从㤅（爱的异体字，兼表声），会心有所系而行动迟缓之意。楷书写作𢜮，俗作愛。俗体楷书爱依据草书字形而来。愛原从心从夊，含有心与行动结合；现在爱下为友（表友好），也是非常有味道的。

爲（为）甲骨文为手牵大象劳作。后楷书写作爲。因而，为的繁体字有爲、為。如今，“为”是“力”带上两点，大有一个汗珠摔成两瓣的感觉。

父　部

㸅 tóng　非生父。也称义父。作为义父来讲，应该做到不是父亲胜似父亲。作为义子来说，虽然不是亲生父亲但一定要像对待亲生父亲那样尊重赡养。

月　部

肯 金文从（骨骼交错）从（肉、筋），会紧附在骨节间的筋肉之意。由本义引申出中肯，深中肯綮等义。

胡 篆文从古（表声）从月（肉）。本义指下巴下面的垂肉。引申指胡子。此义后来被鬍取代，再后来鬍又简化为胡。由于胡子常常散乱，故引申指胡说、胡扯等义。或许中国古代西北各民族人大多长有大胡子吧，所以中原人们称他们为胡人。唐人王昌龄“但使龙城飞将在，不教胡马度阴山”、岳飞“壮志饥餐胡虏肉，笑谈渴饮匈奴血”为我们留下胡人印象。战国赵武灵王持开放心态，实行胡服骑射，迅速提高了部队战斗力。胡同是衚衕的简化，本是蒙语借词，指水井。有水井的地方自然就有人居住，有人居住自然小巷能够形成。

朗 篆文从月从良（廊道，表敞亮，兼表声），表月光明亮。

脷 lì　方言。舌头。

广东一带人，舌与折（shé）的读音相近，经营中最怕折（shé）本，所以当地人将舌称之为脷（月为肉，利代表读音兼表意）。

朚 （一）huāng　翌日，明日。（二）máng　同忙，也同盲。（三）wáng　义为忘。（四）mèng　朚伥，指失道貌。

朏[小月] 同朏（fěi）。义为：1. 新月开始发光。2. 用于地名：朏头（在福建）。

新月出现时，与满月相比自然小啊。

睍[月見] niàn 月出。

䁱[門月] 同昏。指不清醒。把酒问明月，要么是真不清醒，要么是揣着明白装糊涂。

膴[月黑] hú 浊垢。

欠 部

歾[死欠] （一）zì 复苏；复活。死过一次，必定是复活。（二）sì 病。

风（風）部

飈[風小] xuè 小风。风水，常被人们贬为迷信，其实里面亦不乏科学道理。

䨟[風雨] 同雨。

颿 fān　1. 马奔驰。2. 同帆。

⿱風鳥 “風鳥”二字误合。古时指车、船、台上竖着长竿子，竿首设木乌以测风向。

文　部

斌 同彬。彬彬有礼。文武双全，人们对美好生活的一种追求。

赟 yūn　美好。文武双全还有贝（钱），能不晕（陶醉）吗。

⿱斌全 pán　义不详。但读音与“盼（pàn）”相近，我们也就不难理解⿱斌全是人们生活盼望的重要组成部分。

⿱斌金 bān　文武全才。关键还有金钱。

火　部

滅（灭）金文烕从戌（戌，代表战乱）从火（火，代表火灾），会用器械扑打灭火之意。篆文滅在金文左边加上水，意思更为明确。楷书**滅**，俗体楷书**灭**，汉字简化时采用俗体楷书。灭从一（扑压之形）从火非常简练精到，值得称颂。

灰 篆文灰从又（又，手）从火（火，火堆），会可以手拿的火，自然就是灰了。此字可谓神也。

灾 灾有两个异体字：災、烖。由此，我们不难看出，人类的灾害，一是屋内起火（灾），二是水、火无情（災），三是兵火（烖中有戈，戋读灾）。

故宫博物院院长单霁翔上任之时对记者说：“我这个新官上任没有三把火，因为故宫最怕火。”

故　宫

灻 同赤。

𤆍 yín　光明。

炎 同灾。水火无情人有情。

炏 tū 义不详。

异体字：炍。

㶾 同光。

异体字：炛。

吹欨 xī xū 馋貌。

可能是为了使食物快点熟，吹风助火；还有可能是尚不知熟不熟，就迫切吹灭火苗，大快朵颐。

炊 chuǐ 火久。

燓 同烧。草上有火，非烧不可。

煋 xīng 1. 火烈。2. 火光四射。

燛 shù 野火。野火烧不尽，春风吹又生。

斗　部

料 bàn　古代指量物时取其容量单位的一半。

尉 同熨。熨斗。

心　部

忈 rén　亲；仁爱。两颗心紧紧联结在一起，充满爱意。

忐忑 tǎn tè　心神不定。一颗心七上八下，不安啊。

忈 同“志”。此处“志”本不该加引号，但不加吧容易让人联想到同志。无奈之下，只好小心翼翼地在“志”上加了双引号。

鬯 chàng　香草。沉溺于香草之中不可自拔，是不是意味离灭亡不远了。

𢙍 （一）qiāo 𢙍恎：感情不外露。（二）同巧，义为伪。

𢘓 同悉。半心半意，这个词大家都比较熟悉，但让𢘓等同于悉，恐怕常人不熟悉。

𢘑 同谋。

𢙈 kàn 忆。

异体字：𢙍。

㥀 同德。

𢚧 wù 贪。

𢙓 hào 欲望。

𢙌 （一）yī 义为审。

（二）yì 恭敬；安静。

𢙅 guàng 谬误；欺骗；迷惑等。

悳 同德。心直者，德性不会差。

𢜬 同智。知心朋友，智者也。

⿱泥心 nì　心柔密。

惷 chǔn　1. 骚动。春心萌动。2. 愚蠢。3. 厚。

⿱修心 同悠。

⿱娃心 （一）shuì　不悦貌。（二）wěi　怒。娃娃脸说变就变，那是因为娃娃的心易变。

⿱真心 （一）chēn　同瞋。怒也。
（二）shèn　同慎。

⿱連心 （一）lián　哭泣貌。
（二）liǎn　留意。

⿱垂心 同善。

⿱夏心 同忧。百思百念，忧患意识强。

⿱留心 liù　怨恨。

⿱留心要是分为卯和思，就容易形成怨恨；⿱留心要是分为留和心，按理讲应该是留心处处皆学问。估计是按前者来组合的。

𢡛 同萌。

㦩 jiù　1. 谨慎。2. 喜悦。

𢡱 同常。

𢤁 xīn　忠心不二。一颗红心向着国家。

𢡟 同憩。

𢡪 同恸。

𢡞 mǐn　1. 聪明敏捷。2. 古同愍（悯）。

慾 yù　欲望；嗜欲。

𢡗 同照。

憙 同喜。喜从心生。

憼 同儆或敬。

懃 qín　1. 古同勤。2. 姓。

怼 duì　怨恨。

据了解，怼突然走红，是因为这档综艺节目《真正男子汉》。节目中，嘉宾报告想要解手被军训营班长拒绝了，这位嘉宾笑称自己被“怼”了。班长解释道：“‘怼’是对心灵的一个考验，小怼小进步，大怼大进步，不怼不进步。”在随后的一段时间里，“怼”字迅速走红，还掀起了一阵“怼”字造句的热潮。

据悉，“怼”的使用最早可追溯到《诗经·大雅·荡》中的“而秉义类，强御多怼”。这里的“怼”是形容词，“凶狠”的意思，此后“怼”的更常见用法则是动词，表示“怨恨”的意思。汉代以后，“怼”与“怨”“怒”等构成复音词，如“怨怼”“怒怼”等。这种用法一直沿用至今。

懝 （一）ài　迟疑。（二）chī　同痴。

戁 nán　1. 恐惧。2. 恭敬。3. 摇动。4. 惭愧。

黗惃 tǔn gǔn　义为不明。心重且黑，思路不明，前途也不会太亮。

母 部

⿱大毒 大毒二字的合文。古时，大畜作大毒畜，小畜作小毒畜，后简作⿱大毒、⿱小毒。

⿱小毒 小毒二字的合文。

示（礻）部

禮（礼） 甲骨文像礼器（豆）盛满了祭品之状。本义恭敬神灵。金文加（示）。隶变后楷书承接籀文与篆文分别写作礼与禮。汉字简化时，以礼为正体。

社 甲骨文（土，土是社的本字），远古时人们聚土成墩作为祭台。社本义为土地神，如祭祀土地神称之为：社火、社日。后来借用行政区划单位，各代大小不同：周代二十五家为一社。再引用指某些集体性的组织，如社团、社区。社稷指土地神和谷神。土地和粮食是立国的根本，故社稷引申指代国家。

禁 篆文从林（坟地多植树，故坟地特称“林”，如孔林、孟林、关林、袁林，兼表声）从示（鬼神），本义为令人忌讳的坟地。

甘 部

甜 篆文䑙从甘从舌，会舌尝到甘味之意。楷书甛调整䑙左右顺序。古时，甘为甜的本字。甘多用于书面语境，甜多用于口语语境。

异体字：甛。

石 部

砍 kān 方言。岩洞。

礶 suì 小石。

目　部

盽　（一）xié　1. 遮人视线。2. 直视。（二）jī　躁视。异体字：⿱幵目、⿰目幵、⿱目幵、⿱开目。

看　篆文从（手）从（目），会举手遮光远眺之意。

明　南京明孝陵上，细心的游人至少可以发现两处错字：在明孝陵保护碑上，明孝陵写成了明孝陵；入明楼，在陵墓宝顶正南面的石砌墙体上有“此山明太祖之墓”七个字，其中的“明”也写成了“明”。在成都著名的武侯祠内也有，有块匾额叫“明良千古”，其中的“明”就写成“明”；济南市大明湖的牌匾上“明”同样写成“明”。

大明湖石碑

出现这种现象，应该有一定的时代背景，如

在清代，把“明”写成“眀”的现象很多。为什么？清代文字狱那是相当相当的厉害，当时的文人墨客在许多场合都不敢直书大明王朝中的“明”，担心惹祸，但又不能绕过此字，于是把日月明易为目月眀，意思是睁眼写错字。另一种说法则相反，用“目”替换“日”是一种智慧，暗指“借我借我一双慧眼吧，让我把这纷扰，看得清清楚楚明明白白真真切切”。武侯祠的“眀良千古”大概就是这个用意，“明君之明重在能识人、识势”，所以取“目”，而诸葛亮正是这样有眼光的人。

异体字：眀。

眐 zhēn　1. 眐眐，独行的样子。2. 独视貌；专视。

瞀瞶 màoyú　义为嫉妒人的目光。

睡 篆文从目从垂（垂兼表音）。眼皮下垂，瞌睡也。

睩 lù　1. 谨视。2. 善。如今，“目录”主要用在书籍、材料等中，方便读者检索查找。

晄（一）huàng　目大貌。

（二）huǎng　䁅（máng）晄，义为目疾。

瞔 mì 斜视。

田 部

甶 fú 鬼头。鬼字拿掉下部就剩上面的头，“吓死宝宝了”。

魌 同鬼。

皿 部

盜（盗） 篆文[篆文字形]从[篆文字形]（流口水形）从[篆文字形]（皿）。用垂涎别人家器物会偷窃之意。注意：古代盗指小偷小摸，偷指苟且，贼指乱臣或强盗。如今，盗指强盗，偷与贼指小偷。

盥 甲骨文[甲骨文字形]从[甲骨文字形]（手）从[甲骨文字形]（盛水的皿），会洗手之意。金文[金文字形]像两只手[金文字形]在盆里用水搓洗。

監（监） 甲骨文[甲骨文字形]从[甲骨文字形]（皿）从[甲骨文字形]（人，突出眼睛），本义用盛水盆照视自己。监的引申义太多，于是古人用金代替皿另造鉴表示本义。再后来鉴主要用以表示借鉴等义，古人又另造镜。

生　部

甡 同姓。

甥 同甥。

䵒 同𤯓，𤯓同嫩。初生人、物也好，始生人、物也罢，都是嫩也。

𤯔 同嫩。

𤯓 同嫩。

毒 毒的讹字。虎毒不食子。毒讹为毒。

𤯕 chǎn　义子或干儿子。视同己出。（参见188页“𡥋”、249页“𡥋”）

𤯖 同隆。

异体字：隆。

矢部

短 金文从（矢）从（豆，高脚食器，兼表声）。古人度量长短常以矢为尺度，豆短于矢，故短表不长之意。

矮 话说某日，武则天不知哪根神经搭错了，望着“射”与“矮”两个字无端生出一番感慨。武则天对身边的大臣说，“射”字中身子只有一寸高，那不是矮吗？矢是箭，委即推出，“矮”本应是射的意思，这两个字要调换调换。好在对汉字有研究的大臣，给武则天讲起了这两个字的由来。

当时尚不知甲骨文的存在，只是从金文“射”谈起，金文“射”（见下图）左为一把弓箭右为一只手，本来极其复杂的事情，一幅小图就说得明明白白。到了篆文时期，“射”的左侧讹变为身子了，也有人说这是有意的，因为张弓射箭身子也需要用力弯曲如弓。隶书“射”将“又”（手）变成了“寸”（寸原指寸口，后作为手的代表符号，常在汉字当手用，如寻、爵等）。“矮”，篆文中左为身或矢，右为女性头顶禾，禾成熟后会枯萎，加上女性地位低下，因此矮义就浅显了。同时，矢是标准长度，且尺寸较短，故矢部首内汉字都不高，如短、矬。

金文		篆文		隶书
				射

篆文		隶书	楷书
			矮

如此这般说来，武则天没有再坚持什么，要不然，我们现在写“射击”“高矮”就得写成“矮击”“高射”，看着都别扭，更别提写了。

矬 cuó　方言用字。1. 身材短小。2. 把身子往下缩。3.削减。如：矬了他一百块工钱。

禾 部

秀 篆文从（禾）从（乃，奶），会谷子抽穗开花如解开衣襟喂奶之意。引申指草木的花。用作英语show的译音，又特指表演或展示，如时装秀、模仿秀、脱口秀、作秀等。

秋 甲骨文像虫子振翅鸣叫。本义秋天蟋蟀等虫子鸣叫，寓意庄稼成熟。篆文一从禾从火从虫。秋天，古民们用火烧田地中的野草，以除去草上的虫卵。篆文二从火从禾。隶书调整篆文二的左右结构。

金秋，人们一般以为是秋季因庄稼成熟显一片金色，其实不然。我国古代，把世间万物看成由金、木、水、火、土构成。木主管东方和春季，火主管南方与夏季，金主管西方与秋季，水主管北方与冬季。土主管中央，并扶助木、火、金、水。由此观之，金秋就是秋天之意。还请注意秋千的秋是鞦的简化字。

异体字：炑。

科 篆文从（禾）从（斗，量具），本义衡量谷物。经过衡量，能称出重量，还能评出谷物的质量等级。引申出动植物的分类。再引申出学术或业务等的分类，如内科，外科，文科，理科，猫科，菊科等。科学随之而生。衡量是有标准的，于是金科玉律就有了出处。按一定标准用来选拔人才，如科举。

⿰禾⿱不生 yè 禾败不生。

⿰禾黑 同霉。粮食发黑，非腐则霉。

⿰禾⿱龶内 音不详。⿰禾⿱龶内齐，一种树，出自波斯国。

⿱⿰杀不⿰禾束 同秉（铺）。禾收割后，不煞（刹）不束，铺在田间地头晾晒，最后脱粒归仓。一个字一幅田园收获图画。

白 部

⿱白云 同阴。白云飘飘，咋和阴联系到一起呢，令人费解。

毷 同耄（mào　指八九十岁的年纪，泛指老年。常见词有耄耋，指老年）。八九十岁的老人，头发或胡须大都呈白色状。

皝 huàng　面部因气血虚而发白的病色。

曜 同耀。

瓜　部

瓞 běng　瓜多实貌。

鸟（鳥）部

舄 xì　鸟名。

异体字：舃。

雀 同雀。

鳳 同凤。凤翔九天，岂非天鸟。

⿱少鳥 同雀。

⿰木鳥 xī　水鸟名。

鵝（鹅） 家禽。

古时，汉字左右上下内外，经常会调整，但不影响字音和字义。两个字上下左右都有组合比较少见，笔者仅见到：鹅、⿰鳥我、鵞、⿱鳥我，⿰日九、旭、旮、旯。

⿰愛鳥 音爱。义不详。

爱鸟周宣传画

爱护鸟类有利于维护生态平衡。“爱鸟周”源于1981年，最初为保护迁徙于中日两国间的候鸟而设立。1992年国务院批准的《陆生野生动物保护条例》，将“爱鸟周”以法规的形式确定下来。具体时间由各省、区、市自行规定。

立 部

竝 同站。

㚒 同在。

竪 同竖。

𥪱 cù　站着等。旋有很快的意思。估计对方快来了。

𥪸 xū　立着等待。现作须。

穴 部

突 甲骨文从穴从犬，会狗从洞子里突然窜出之意。引申出三方面意思。一是冲，如突围，突击，狼奔豕突。二是忽然，如突然，突袭等。三是突兀，突出。又引申指烟囱，如曲突徙薪。

穿 金文从穴从牙（指擅长打洞的鼠牙），会穿通之意。

窍寵 kǒnglǒng　义为洞窟。

巭 同窍。

窮（穷） 篆文[篆]从[篆]（穴）从[篆]（躬，屈体，兼表声），躬身处于洞穴，会受困、走投无路之意。从图穷匕首见可知一二。俗体楷书穷，表示无能为力。

古时，穷指不得志，仕途上无出路，与达相对。如：穷则独善其身，达则兼善天下。贫指缺乏钱财，生活困难，与富相对。如：贫而无谄，富而无骄。现在穷、贫二字主要意义已经相通，但贫不能单说，穷能单讲。

皮　部

皯 gǎn　皮肤黧黑枯槁，自然就是皮肤干燥。

异体字：皯、皯。

皮皮 pī　1. 皮靦（xiàn），指开口貌。皮开肉绽。2. 同披。

皰 同疱。

⿱⿰肉皮皮 同皱。肉皮皮，符合皱的特点。

癶 部

登 甲骨文⿱癶⿱豆廾下从廾（两手捧着）中从豆（豆，盛器）上从癶（双脚），本义手捧装满祭品的盛器走上祭台敬献神灵。登由本义引申出：一是由低处往高处走，如登山，登车。二是将东西放上去，如登记，刊登。三是粮食放置打谷场，如五谷丰登。四是用力踩。因为登字里本有双脚，所以蹬车之“蹬”是画“蹬”添足。

老 部

⿱耂几 同⿱耂勿（shù）。义为老人行走迟缓。如今口语中有“你算老几”（此处“老几”贬义太浓）。

耳　部

闻 甲骨文从（像一个人举手掩住一只耳朵）从（露出另一只耳朵），本义集中注意力倾听。篆文由（门）（耳）会意，表示在门里听门外的动静。

异体字：耷、耷。

耷 篆文从大从耳，大耳，自然就引申出耷拉。

耻（耻） 金文从耳从心（感受），本义虚心听取意见，内心感到羞愧难当。楷书写作恥，俗写为耻（以止表声）。如今俗体转为正体。

耿 金文从耳从火，会面红耳赤之意。引申指光明，明亮。再引申指光明正大，正直，如耿直。内疚自然就面红耳赤，故引申指心不宁帖，如耿耿于怀。

睡 duǒ　耳轮下垂貌。俗话讲，耳垂大有福。

�武 ài　不听。别人之言，当作耳旁风就是不听之意。

聐 hú　1. 耳鸣。2. 耳朵上的黑斑。3. 污垢。4. 春秋时地名。

襾（西）部

覇 bó　古代南楚侮辱农民的话。如今，西服盛行，常用词有西装革履。

而　部

耐 篆文耏从而（胡须兼表声）从彡（毛发）；篆文异体字从而从寸（即手，表手拔），本义为拔或剃去胡子的一种轻刑。自然就引申出忍耐之意。

耍 从而（胡须）从女，会挑逗戏弄之意。

页（頁）部

題（题）篆文从是（表正顶，兼表声）从頁，本义为额头，引申指事物的开端。再引申指加在诗文或演讲内容前边的名目，如题目（将文章中心标于题上，即标题），题字（请有身份的人写字，将其镶刻挂在门楣之上）。后来又引申指考试或做练习时要解答的问题，如试题。

顛（颠）篆文从頁（朝上的人头）从真（朝下的人头，兼表声），会颠倒之意。本义为头顶。由于颠从一正一倒两人，故引申指位置颠倒。由头顶引申指山顶，此义后来加义符山为巔。由于颠被引申义专用，所以本义便另造“顶”代替。

虍（虎）部

虍清三合会旗号专用字。三合会，又称洪门三合会，为历史上著名的反清秘密组织，始于清朝康熙、雍正年间。该组织为了秘密开展斗争，自行创制一批汉字。如淛（同明）。

徐珂《清稗类钞·会党类》：“又各意造……[illegible]、[illegible]、[illegible]、[illegible]、[illegible]……[illegible]、[illegible]、[illegible]、[illegible]、[illegible]……配分为五部。各从其次，制为旗。”

[illegible] tī　虎卧息微。

虫　部

[illegible] 同蚤。

异体字：[illegible]。

蚩 同蚩。

蚩上方“小”不带弯钩。

蚟 wáng　蚟孙即蟋蟀。

蚕 常用字。《简化字表》中特别强调“蚕”上为天不是夭。小小蚕虫，天虫也，由此可见古人对蚕的尊崇。

肉 部

肏 同肖。汉字中大部分从“月”的汉字都与肉有关。由于一种动物被宰杀后，切成小块肉无论是颜色还是外观大致相同，因而有一个词叫生肖、肖像。不肖，是指品德不好，如不肖子孙。

肒 huàn 手搔皮肉成疮。

䏚 同眇（miǎo），指两肋下方（骨多肉少）空软的部分。

竹（⺮）部

笑 篆文笑从⺮（眉开眼笑）从夭（夭，扭动身体），其义不言而喻。有人认为竹子被风吹过如人笑弯了腰，竹叶相互摩擦声犹如人的笑声，因而从竹，仅存一说。

笨 篆文从（竹）从（本，根本兼表声），本义为竹子内层膜，古人曰：竹其表曰筤，其里曰笨。

异体字：体（读笨），从人从本（木头疙瘩），会愚笨之意。如今体成为體的简化字，愚笨之义便由倒霉的笨来承担了。

第 楷书从竹从弟（省去两点，兼表声），是弟的加旁分化字。本义为竹节的层次，遂泛指次序。又引申指不同的等级，再引申指科举时代应试合格取得的等次，如及第、科第等。

等 篆文从竹从寺（法度，分寸），本义指竹简。古人用竹简撰写法律法规，写完后要编织成册，因而要求竹简长宽一致。引申指齐同，如等同。寺本为站在旁边伺候之义，故唐以后又用以表示待，候，如等人、等车。又虚化为助词，用在人称代词或称人的名词后，表示复数，如尔等，我等。又用在两个或两个以上的并列词语后，单用或叠用，表示列举不尽，如济南、青岛等地。又表示列举后的煞尾，后边一般有前列各项的总计数，如张三、李四、王五等三人（这个“等”不能删除）。

策 篆文从从（朿，带刺的荆棘，兼表声），本义为竹制马鞭。引申指用鞭子打，如策马扬鞭。又引申指竹制筹子，进而引申指计谋，方法，如计策、上策、政策、策略等。

筷 楷书从竹从快（快速，兼表声）。筷原本称箸、筯。后由于水乡人喜欢快速，避箸、筯与住同音，于是先人造筷字。

管 篆文从（竹）从（官，表声），本义为竹管。古代钥匙为管状，故引申指钥匙，如掌管。再引申统辖，指管理。

臼（𦥑）部

舅 篆文从男从臼（表声）。因为舅舅是母亲的兄弟，这门亲戚非同一般，属于永恒久远类，而臼一般使用寿命比较长，通常一代一代传下去，于是舅取臼表声不是信手拈来的。

石　臼

舊(旧) 甲骨文[甲骨文字形]从[甲骨文字形]（猫头鹰形）从[甲骨文字形]（凵，鸟巢，臼兼表声）。舊的本义就是指猫头鹰。传说古人捕鸟时，先用一只旧鸟（囮子，也称圝子）为媒，引诱新鸟进入。对于新鸟来讲，那只囮子就是旧鸟了。旧由鸟而来。

自 部

臭 一读xiù。甲骨文[甲骨文字形]从[甲骨文字形]（自，鼻）从[甲骨文字形]（犬）。本义狗用灵敏的鼻子辨识气味。引申泛指闻，此义后来写作嗅。二读chòu。本指香气，但随着时间推移，后来专用于气味难闻，与香不再相投。

䐹 同悟。

自修就是悟道。自修室，有的也称之为自习室。

舟 部

艉 wěi 船体的尾部。

舟作部首时，中间短横右侧不出头。

艏 shǒu 船的前端或前部。 艉、艏，这两个字符合文言文语境，白话文基本用不着。

色 部

䒌 mìng 无色。

䨼 xùn 物体被熏后的颜色。

衣（衤）部

袭 金文䙴从衣从双龍（表声）。俗体楷书袭。袭本义为死者穿的左开襟衣服。古时死者身上衣服一般为多层（不束腰），由衣上加衣引申指重叠，重复。由重复引申指照原样继续做，如抄袭，沿袭等。再引申指继承，如世袭，袭位。由衣上加衣（掩盖），引申指乘人不备，如袭击，偷袭。

羊（⺷、⺶）部

美 甲骨文[古文字]从[古文字]（羊，羊形头饰）从[古文字]（大，人），会人外貌好看之意。先秦文字中，赞美男子用美，现在常用于女性。

羍 dá （又读tà）小羊羔。

羞 甲骨文[古文字]从[古文字]（羊）从[古文字]（又，手，兼表声），会祭祀时进献烤羊之意。羞的进献本义消失后，篆文再加食另造馐代替。古时，祭祀是天大的事，进献时毕恭毕敬，低头敛息，引申出害羞意思，再引申出羞耻不足为怪。

古人进羊为羞，进犬为献，进贝为贡，进食为奉。

羡 篆文[古文字]从羊从[古文字]（流口水），会垂涎羊肉之意。

羹 篆文[古文字]从[古文字]（羔）从[古文字]（鬲，锅）从[古文字]（蒸汽），本义以羊肉为主料熬成的肉汤。

善 金文[古文字]，会连连称赞之意。俗简作善，是膳的本字。由于善的引申义较多，关于美味的本义只好加“月（肉）”造“膳”。

米　部

籴 dí　买进（粮食）。

粜 tiào　卖出（粮食）。
籴和粜一入一出，一买一卖，一目了然。

類（类）篆文从頪（相似，兼表声）从（犬），隶变后楷书写作類，俗简作类，如今规范用类。本义为种类，同类。

[illegible] pǒ　米皮。

[illegible] 同屁。

聿（肀、⺻）部

肅（肃）金文从（本为手撑船篙形，后讹变成手握笔形）从（深渊），本义为在激流、深渊中撑船需要小心谨慎。

盡（尽）甲骨文从（皿，用完后空的盛器）从（又，抓持）从（像毛刷），本义手持毛刷清洁空的器皿。以草体字简化为尽。

書（书）甲骨文上边手持笔，下边是器皿，会手持刀笔在器皿上刻写。書上为手持笔形，下为曰，整字会用笔记下口述的内容之意。

晝（昼）金文从日从聿（笔），会白天与黑夜的界线之意。

畫（画）甲骨文从聿（笔），下边为画出的图形。注意盡、書、晝、畫四字微小区别。

肇 从户（门窗）从攵从聿。原来攵与聿是一体，即手持器械。肇本义破门而入开始抢劫，于是就有了肇始、肇事。

肆 肆与肄同源，皆为“隶”加旁分化字。甲骨文从手从已经宰杀的豕，会宰牲加以整治之意。

𦘺 同“学”。博览群书，广泛阅读，学也。

羽 部

翘 篆文从（尧，高，兼表声）从（尾羽），表示尾羽高举。

糸（纟、糹）部

終（终） 甲骨文就是冬，像绳子两端的绳结，表从始至终。当冬引申作为季节，于是古人加纟另造终代替。

絕（绝） 甲骨文是指事字，在两缕丝线的中间各加一短横指事符号一，表示将丝线割成两段。金文则在两组丝线间加一把刀，表示用刀割断丝缕。篆文从从（刀）从（卩，表声）。隶书。

綏（绥） 甲骨文、金文皆从手从女，表示女子受到外来压迫，绥与妥同义。当妥引申义越来越多时，篆文另加造，此时绥表登车时用以拉手的绳索。由此引申指平安，安好，安抚，平定，如绥靖，绥定。

縣（县） 金文[古文字]从木从系从倒首，会悬首于高杆示众之意。有专家认为“县”是最基层的司法和刑狱机构，因此用于行政区划。也有专家说，县统系于天子，故称县。

繼（继） 金文[古文字]从[古文字]（绝，即[古文字]的省略）从[古文字]（二，相连），表示将切断的丝再连接起来。篆文[古文字]。俗体楷书[古文字]根据草书字形[古文字]而来。

麦（麥）部

麬 同麸。

麳 lái　小麦。

异体字：[字]、[字]、[字]、[字]。

走 部

赼 xǐ　义为移。走心，在当下出镜率比较高。有两种截然相反的意思：一指不用心，一指太用心。请读者给赼与两个定义以及自己都来个对号入座。

趚 sū　走貌。

赵 同逃。

趉 （一）jué　1. 突然起行。2. 方言。逃匿。3. 同踋（行貌）。（二）jú　走貌。

赴 同趣。人们常说，饭后百步走，活到九十九。散步是人们生活新常态，其乐无穷，趣味盎然。

趚 同透。走秀，作秀，都透（透字也包含秀字）出啥子呢？

趪 （一）guàng　惶恐而走。
（二）kuàng　同踁（走得很快的样子）。

趚 同来。

趔 疑同到。

趱 （一）sān　同散。（二）cún　义为走。

趦 同趑（cī　仓促）。

赤　部

赩 xì　1. 大红色。2. 赤貌。3. 光秃无草木。4. 青黑色。5. 怒貌。

赮 wěi　赤色。今有“赤头赤尾”一词。

酉　部

酒 甲骨文从水从酉（酒坛，兼表声），不说也明白。但要注意酒与洒的一横之差哟。

异体字：酓、𥞒、酒。

配 甲骨文从从从（指事符号，表酒香溢出），本义置酒相对成婚配之意。配字右侧

“己”是跪坐之人演变而来。

醉 篆文从酉从卒（终止，兼表声），会饮酒喝到自己的酒量为止之意。

醜（丑） 醜，甲骨文从鬼从酉（酒，兼表声），酒鬼自然丑态百出。丑，甲骨文从又（手），像用手指用力钩住东西，丑是“扭”的本字。后来，丑借用为地支（子丑寅卯辰巳午未申酉戌亥）第二位，现在主要担任“醜”的简化字。也就是说，醜与丑本来连半毛钱的关系都没有，由于汉字简化扭在了一起。请大家注意，天干地支纪年时，千万要注意“己丑年”如果写作“己醜年”（见图），那就献丑了。

醫（医） 醫与医本为两个互不相干的字。醫从殹（箭伤，兼表声）从酉（医用之酒）。医从匚（筐）从矢，本义为盛矢的袋子。汉字简化时，将醫与医合并了。醫的异体字：毉。古时候，医与巫不分。因为很多时候，遇到疾病只能靠巫术来驱赶邪秽。

辰　部

辱 篆文从辰从寸（手），本义为除掉农田害虫。古代重视农耕，如地荒虫长，那是一件羞耻的事情。自然就引申出羞辱的意思来。由于辱被引申义所专用，除虫、锄草之义便另造蓐或耨来表示。

里　部

𨤽 liě　佛经音译用字，里也二字的合音。

足（⻊）部

足 同正。止是趾的本字，止与足相同。

炱 同跳。足下有火，不连蹦带跳那不成傻子了。

跩 jué 走貌。

踇 mǔ 1. 脚的大拇指。2. 行貌。拇指，指手和脚的第一个指头。但踇仅代表脚的第一个指头。

踒 同崴。

海参崴（wǎi），千万不要读成“海参 wēi”。另外，其实踒脚非常浅显易懂，如今写作崴脚，不免让人有点腿脚不利索的感觉。

蹁躚 bìng bèng 踏地声。

1958 年 5 月，党的八大二次会议在北京召开，通过了“鼓足干劲、力争上游、多快好省地建设社会主义！”的总路线（见图）。2012 年 12 月，中央经济工作会议提出了“又好又快发展”。别小看“好”与“快”位置的交换，其内涵是很了不起的。

𨇨 qīng 一足行走。

躛 guì 1. 蹶。2. 践。3. 行急貌。

躛 wèi 1. 牛用蹄踢借以自卫。2. 谬误。

邑（阝右）部

郲 同夜。古地名，山东省掖县（现为烟台莱州市）。

鄉（乡） 鄉与卿同源。两字甲骨文字形相同，只是后来慢慢分化成两个有关联的字。如今“鄉”简化为“乡”。本指两人相向对食，引申出用佳肴款待客人（此义后加义符“食”，即“饗”，现简化为“飨”，如“以飨读者”）。远古时能在一起平等对食者大都是一个部落的人们，乡里、乡亲、乡邻、家乡自然形成，后来引申出基层行政政府（如乡镇）。

卿，甲骨文𦎫，两人相对，其间摆放装满食品的器具，会宾主相向对食意。由宾主引申出官员等，出镜率较高的是国务卿、卿卿我我。古时候帝王称大臣为爱卿，妇女对丈夫亦以卿为爱称）。

身　部

躮 léng　身体瘦小。

躭 zhěn　身体端正。

躲 同孕。

𨉖 zhòng　怀孕。在笔者的老家，常谓女人怀孕为“有了”或“身子重了”。

𨊻 同穷。“身”贫如洗，能不穷吗。

谷　部

𧮦𧮫 zhài luàn　临死时神志不清。

角 部

解 甲骨文从（双手）从（角）从（牛），字形像屠夫双手从牛的头上剖取牛角，牛角上的两点指事符号，表示血滴。由本义引申指划分，分开，如解开，难解难分。再引申泛指离散，涣散，融化等。

言（讠）部

[illegible] 同誇（夸）。大言不惭，必是夸夸其谈。

[illegible] 同信。

訬 （一）chāo　1. 吵闹；烦扰。2. 娇健敏捷。3. 轻佻。4. 抄写。（二）miǎo　高。（三）chǎo　信口胡说。

誃 （一）yí　台名；门名。（二）chí　离开；脱离。（三）chì　大度。（四）tuó　欺罔。

言多必失；言少（訬）也好不到哪儿去。

䜭 同训。

訫 同信。

讐 同辩。花言巧语，常用于狡辩。

訷 shēn　申说。

詄 dié　1. 遗忘。2. 误。

誷 wǎng　义为诬。现实中网络语言常常不实，难道是古人早有先见之明？

詈 同詈（lì　义为骂）。

䜝 （一）同灵。（二）同诬。

諐 同愆（qiān）。义为：1. 罪过；过失。2. 错过（时期）。

古有侃言，今有侃大山。侃大山，也作砍大山。

諥 zhòng　1. 言相触。2. 说话慎重。

謉 同愧。义为惭愧。

异体字：[illegible]、[illegible]。

[illegible] 同詋。yuǎn　1. 安慰。2. 从。3. 怨恨。

謩 同谟（mó　义为策略）。

譃 xū　浮夸，说大话。

譀（一）hàn　1. 说大话。2. 嘲弄。3. 怒吼。

（二）xiàn　义为争怒。

[illegible] jiàng　言语倔强。

异体字：[illegible]。

[illegible]（一）mài　夸大。下笔洋洋万言，非夸大不可。（二）hài　义为争怒。

[illegible] zhǎn　人生格言。

[illegible] fā　出言。

[illegible] zhòu　众言会集。

嚬 pín 1. 匹偶。2. 多言。

譀 hān 义爱。

讔 yǐn 1. 隐语。2. 应答之言。

异体字：𧭼。

嚚 同喧。

三口两舌，好似七嘴八舌，喧闹至极。

辛 部

辠 同罪。

辠上面的自本义是鼻子，下面的辛本义是刀，辠本义为刀割鼻子，引申为“惩罚”“行刑”“罪恶”等义。从这个意义上来说，“辠”是“罪”的本字。罪上面的四本义表数字，因其与网相似，被借用为网，所以《说文》对罪的解释是：“罪，捕鱼竹网。”那么为什么“辠恶”之“辠”会变成“罪”了呢？

原来，秦始皇发现“皇”上面的“白”字与“辠”字上面的“自”字形相似，认为这对皇族来说是不吉祥的征兆，因而秦始皇改“辠”为“罪”。如今，“辠”只作“罪”的异体字偶尔在字典、词典露一小脸。

⿰辛苦 kù　茱萸酱。味辛而苦。

辭（辞）金文左侧上下方各为爪（手），中间为缠丝的线拐形（义为理顺丝线），右侧为司，整字会辩理诉讼之意。辭，右为辛（刀），引申出辛辣。后简为辞，从舌从辛，言简意赅。由辩理引申指言辞、辞藻、辞令等。

曹操曾经途经曹娥碑下，杨修跟随着。石碑的背面题写着“黄绢、幼妇、外孙、齑臼”八个字。曹操问杨修：“你知道这是什么意思吗？”杨修回答说：“知道。”曹操说：“卿相先别说，让我先想一想。”走出三十里远的时候，曹操才说：“我已经知道了。”命令杨修单独写出他所知道的。杨修写：“黄绢，有颜色的丝织品，是‘绝’；幼妇，少女的意思，是‘妙’；外孙，是女儿的孩子，是‘好’；齑臼，受辛之器，盛纳五辛的器具，是‘辤（辭）’。这说的是‘绝妙好辞（辤）’的意思。”曹操也写下了自己的想法，和杨修是一样的，于是赞叹道：“我的才能比不上你，走了三十里路才明白（碑文的意思）。”

青 部

靘（一）qīng　无色。（二）qìng　青黑色。（三）jìng　1. 同靚。2. 竹树幽深。

靝同天。

天长地久（从右至左）

雨 部

霸金文从月从雨从革，会阴历每月始见的月亮之意（也有专家说，月代表肉，霸整字指皮革被雨淋湿后膨胀，继而引申出扩张等义来）。后借作伯，指古代诸侯联盟的首领。再引指称霸。

非　部

⿱本非 同我。

⿱吞非 同恶。吞下是非，必结恶果。

隹　部

雀 从小从隹（不是从少从隹，雀字中间一撇是古人有意拉长，主要是为了汉字结构变化、美观），指麻雀一类短尾鸟。

集 甲骨文、金文为一只或多只隹栖息在树上。如今规范用集。由本义引申指聚合，会合，再引申指集体等义来。

雁 大雁为五常（仁、义、礼、智、信）代表，因而雁从厂（表读音）从亻（人性）从隹（指属性）。

仁，表现为：一队大雁阵当中总有老弱病残，壮年大雁绝不会弃之不顾。飞行途中，幼鸟和体弱的鸟，

雁 阵

大都安排在队伍的中间。义，表现为：雌雁雄雁相配，向来是从一而终、白头偕老。礼，表现为：在天空中的大雁阵，由有经验的老雁当队长，飞在队伍的前面，在飞行中，因为体能消耗过大，常与别的老雁交换位置；壮雁飞得再快，也不会擅自赶超到老雁前边。智，表现为：排成人或一字形为的是飞行时可以省力，前面的大雁拍打几下翅膀，产生一股上升气流，后面紧跟其后的大雁就可以利用这股气流，飞得更快、更省力；落地歇息之际，有大雁放哨警戒，一有什么风吹草动，大雁群就会立刻飞到空中躲避。信，表现为：南北迁徙，因时节变换而迁动，从不爽约，至秋而南翔，春来而北飞。

由于雁具备五常，所以古时候，男方派人到女方提亲，第一礼品就是雁。可是由于季节因素，外加雁的机智，所以一般情况下不可能捉到大雁。这无疑是古人给自己挖下了一个坑。好在古人自有办法，那就是用雁鹅替代。于是就出现“赝”这个字，如赝品。

雇 甲骨文从（隹，短尾鸟）从（户，房屋，兼表声），会候鸟开春回到主人家之意。

后指出钱请人替自己做事，如雇工（雇是有季节性的，好似候鸟定时回迁）。

[illegible] zhuī　小鸟。

雜（杂）本从衣从集，会多种衣服聚集在一起，指颜色驳杂。

離（离）甲骨文会用网捕鸟之意。金文在甲骨文基础上加手，又加一只鸟，两只鸟奋力挣脱离去。

讎（雠）金文从言从雔（两只鸟相对，兼表声），本义为对答，应答。新中国成立之初，将雠作为仇的异体字淘汰出局。后经多方呼吁，雠成为正体字，但只用于：校雠、仇雠。校雠通俗地讲就是校对。仇雠就是指仇敌。

由雠联想到狱字。狱，两只犬相对，中间为言，而雠是两只鸟相对，中间也为言。

阜（阝左）部

降甲骨文右边两只脚丫子朝下，与“阝（阜，土堆）”会意往下走。

陟 甲骨文右边两只脚丫子朝上，与“阝（阜，土堆）”会意朝上行。

除 本指台阶。

过去有个词叫“大（洒）扫庭除”，这里“庭”指院落，“除”就是指台阶。本着勤俭节约的大原则，“大扫庭除”减为“大扫除”。“大扫除”之“除”本义还是指台阶，不过现在人们都理解成“除去”之“除”。语言发展就是这样，不过我们了解本义也是件很有意义的事情。除夕，也就是农历大年三十晚上（也有年份是腊月二十九）。古人把宫殿前长长的台阶称作“除”，每过一天，就好像登上一个台阶，等到农历年最后一个晚上，好似到了宫殿前最后一个台阶。踏上之后，新一年开始轮回。“除法”之“除”，是后起之义。汉朝《九章算术》里称被除数为“实”，除数为“法”，所除结果为“商”（因为除法过程大都是一个估算的过程，其结果称“商”不足为怪）。过去，古人大都采用整数相除。因此，“商”都比“实”来得小，也符合每登上一个台阶离宫殿距离越近的道理。

陸（陆） 地势高而平，与海洋相对。

陷 篆文右上部为人形，下部臼，像一个人掉进陷阱、洞穴一类的地方。

隆 篆文从降（省略）从生，本义为草木生长丰满盛大。仔细欣赏，“隆”中还是有“降”的身影的。

异体字：𨻐、隆。

隱（隐） 篆文从阝（阜，土堆）从双手手持工具从心，在心的支配下，筑墙用于隐蔽。

隊（队） 本义是一头猪从高处坠落。后来被借为队伍的“队”，于是本义另加义符土作墜（现简化为坠）。

金（钅）部

鉎 shēng　铁锈。

鍟 同鉎。

證 同证。

鉴 金文从（人）从（目）从（皿，水盆），本义为人俯首在盛有清水的盆里看自己的影像。后另加义符“金”，说明此时盆为金属制作。隶变后楷书写作鑑，异体作鑒、鋻。如今规范为鉴。由本义引申指铜镜，再引申指照，仔细看，审查。又引申指借鉴。由于鉴引申义多，古人另造镜来表示鉴的本义。（参见264页“监”）

鱼（魚）部

[illegible] xiǎo　小鱼。

[illegible] “小鱼”两字合文。

鲜（鮮） 金文从（羊）从（鱼），本义为一种鱼名。引申泛指供食用的鱼、虾类，如治大国若烹小鲜。古人还引申指鱼与羊肉搭配，味道鲜美。

魶 mù　一种鱼。

[illegible] mǐ　1. 一种鱼。2. 鱼卵。

鱼米之乡是指长江中下游平原和珠江三角洲平原，因受夏季风影响，降水丰富，所以气候湿润，物产丰富，被称为“鱼米之乡”。

面部

靬 同皯。（详见273页“皯”）

靾 pàng 面肿。

靵 nǜ 惭，羞愧。

靤 同疱。水泡。如今，面包是一种引进食品。

靋 同憔。

靉 同慈。

靀 同疑。

骨 部

骭 gàn 1. 胫骨。2. 小腿。3. 肋骨。

骨干，现在主要用于比喻在总体中起到主要作用的人或事物，如骨干分子、业务骨干。

骸 同脢（mé 脊椎两旁的瘦肉）。

如今，骨灰特指人的尸体火化后的灰。“骨灰级”是一个在网络世界被广泛使用的新词语。骨灰级指伴随一款游戏从游戏开始发行到全盛再到出现逐渐被其他游戏取代的趋势，经历起数代的改变依然是该游戏忠实玩家的级别。“骨灰级”来源于“发烧友”。发烧到极致，就烧成骨灰了，成为“骨灰级”的发烧友。

骯 同骸。

香 部

馟 同檀。

鬼　部

魌 niú　鬼。

牛鬼蛇神原是佛教用语，说的是阴间鬼卒、神人等，后成为固定成语，比喻邪恶丑陋之物。其实，牛鬼蛇神是鬼神的并列，指牛头的鬼，蛇身的神。

傀 huà 鬼的变化。

异体字：魤。

鮍 （一）bì　冥衣。（二）mèi　同魅。

䰲 yù　鬼貌。

食　部

飧 sūn　篆文从夕从食，会晚饭之意。古人每日常用两餐，晚饭通常在申时（下午3～5点）吃。“饔（yōng　早餐）飧不继”是一个成语，指吃了上顿没有下顿，形容生活十分穷困。

飾（饰）篆文从人持巾从食（表声），整字表洗刷和整理等义，后引申指装点，修饰。

餐篆文从食从歺又（表声，还表残碎之意。歺指碎骨头，歺又右侧的“又”指手）。本义为吃。现在用于一日三餐。

饎同素。蔬菜类的食品，与荤相对。

饃qiǔ　1. 食物腐臭。2. 同糗。

鬲　部

鬻同沸。

鬥　部

鬥甲骨文[古文字]像两人向对方出手，撕打在一起。隶书[隶书字形]。鬥后简化为斗。其实斗本为量器，因而，一斗米不可写作一鬥米。

注意鬥与門（门）的微小区别。

閙《通用规范汉字表》发表以前，“闹”的繁体字是“閙”，“閙”的异体字是“鬧”。《通用规范汉字表》根据内地汉字第一次简化之前以及现在台湾地区使用的习惯，对“闹”的繁体及异体字进行了调整。也就是说“闹”的繁体字现在是“鬧”而非“閙”。同理，“宝”的繁体字不再是“寳”而是“寶”，“寳”屈为“寶”的异体字。具体调整如下：

祇［衹秖］→衹［祇秖］

汚［汙污］→污［汙汚］

兎［兔］→兔［兎］

閙［鬧］→鬧［閙］

寳［寶］→寶［寳］

牆［墻］→墻［牆］

巵［卮］→卮［巵］

佇［竚伫］→伫［佇竚］

梔［梔］→梔［梔］

謚［諡］→諡［謚］

注：箭头左侧为调整前，箭头右侧为调整后。